La France et ses colonies

Les cinq parties du monde

L. Lanier.
C. Rogeaux.
A. Laborde.

Cours élémentaire

Paris.
Librairie classique Eugène Belin.

COURS

DE

GÉOGRAPHIE MÉTHODIQUE

FRANCE ET SES COLONIES

LES CINQ PARTIES DU MONDE

MAIRES — LECTURES — CARTES — QUESTIONNAIRES

A L'USAGE

DE L'ENSEIGNEMENT PRIMAIRE

PAR

L. LANIER

INSPECTEUR GÉNÉRAL DE L'INSTRUCTION PUBLIQUE

C. ROGEAUX	A. LABORDE
OFFICIER DE L'INSTRUCTION PUBLIQUE	PROFESSEUR AGRÉGÉ DE L'UNIVERSITÉ
DIRECTEUR D'ÉCOLE COMMUNALE, A LILLE	PROVISEUR DU LYCÉE D'ALBI

Cours élémentaire

Inscrit sur la liste des ouvrages fournis gratuitement par la Ville de Paris à ses écoles communales.
Couronné par la Société pour l'instruction élémentaire et par la Société nationale d'encouragement au bien.

DEUX CENT CINQUIÈME ÉDITION

PARIS

LIBRAIRIE CLASSIQUE EUGÈNE BELIN

BELIN FRÈRES

8, RUE FÉROU, 8

A l'angle de la rue de Vaugirard, 50

1920

PRÉFACE

En présentant aux maîtres et aux élèves de nos écoles ce nouveau **Cours de géographie**, divisé en cinq volumes : *Leçons préparatoires, Cours élémentaire, Cours du certificat d'études primaires, Petit Cours supérieur, Cours supérieur et Cours complémentaire*, nous désirons, en quelques lignes, leur en exposer le plan général et l'objet.

L'étude de la géographie, qui devrait être une des plus attrayantes, est encore trop souvent considérée, malgré les efforts constants des maîtres et l'amélioration des méthodes et des livres, comme la plus ennuyeuse et la plus aride de toutes. Nous avons essayé, dans cet ouvrage, d'être simples et clairs, de grouper avec ordre, dans un cadre forcément restreint, toutes les connaissances utiles à l'enseignement du premier degré, et capables d'intéresser tous nos jeunes écoliers.

Nous nous sommes fait une loi de ne jamais séparer le texte de la carte correspondante. Toujours, soit sur la même page, soit d'une page à l'autre, le livre ouvert les met face à face. Ils s'éclairent ainsi et se complètent, sans que l'un ou l'autre renferme aucun nom, aucun signe qui ne puisse, avec quelque attention de l'élève et une indication du maître, être aisément trouvé et expliqué.

Le texte comprend deux parties : l'une, brève et précise, renferme les notions indispensables ; c'est le *sommaire* de la leçon ; l'autre, plus étendue, est une *lecture* ou récit destiné à développer ou à commenter la leçon. Nous nous sommes efforcés d'apporter le plus de variété possible à la composition de ces lectures ; elles s'adressent à l'intelligence et à l'imagination de l'écolier ; elles pourront stimuler sa curiosité et l'instruire en l'intéressant. — Chacun de ces petits chapitres de l'ouvrage forme donc comme un corps, dont la carte et le résumé sont en quelque sorte le squelette : la lecture y ajoute la chair et le sang. La parole autorisée du maître complétera l'œuvre et lui donnera la vie.

Les questionnaires, rigoureusement placés au bas de chaque page, achèvent l'ensemble méthodique de chaque chapitre. *Carte, sommaire, lecture, questionnaire,* tout est à la fois sous les yeux du lecteur.

L'ordre des matières répond aux besoins de l'enseignement et aux nécessités du programme. Aux notions préliminaires de géographie générale et de géologie succède l'étude détaillée des régions physiques de la France, que nous avons fait précéder des définitions indispensables à l'intelligence du vocabulaire géographique. Nous avons réduit à dessein la partie *politique* au tableau des divisions provinciales et départementales, et indiqué seulement l'organisation administrative qui appartient au programme d'instruction civique.

Au contraire, nous avons réservé une large place à la *géographie économique,* en prenant soin de rapprocher de chaque catégorie de produits du sol les industries qui les utilisent. Puis, dans une série de leçons, dites *régions naturelles,* nous avons fait une sorte de synthèse des connaissances acquises, où les villes importantes ont été signalées, et où nous avons de notre mieux marqué les traits distinctifs des populations et les manifestations de leur activité féconde.

Enfin, avec un court résumé sur les États de l'Europe et les autres continents, nous avons eu à cœur de fournir sur notre *domaine colonial* les développements qui s'imposent à tout enseignement géographique bien compris et complet. Nos colonies forment désormais une portion précieuse et vitale de notre patrimoine national : il n'est plus permis aux maîtres et aux élèves d'en négliger l'étude et d'en ignorer les ressources et les progrès.

GÉOGRAPHIE PHYSIQUE

NOTIONS PRÉLIMINAIRES

1. — La **géographie** est la science qui décrit la surface de la *Terre*.

2. Forme et dimensions de la Terre. — La Terre est ronde comme une boule; c'est un globe qui a 40000 kilomètres de tour.

3. — On appelle **horizon** le cercle terrestre que nous découvrons autour de nous.

4. Points cardinaux. — Quatre points du ciel ont une importance capitale en géographie. On les appelle **points cardinaux**. Ce sont : le *nord*, le *sud*, l'*est* et l'*ouest*.

5. — Le **nord** ou *septentrion* est indiqué par l'étoile polaire, et le **sud** ou *midi* par le soleil au milieu du jour.

6. — L'**est**, *levant* ou *orient*, est le point où le soleil se lève; l'**ouest**, *couchant* ou *occident*, est le point où le soleil se couche.

7. — Quand on regarde le *nord*, on a le *sud* derrière soi, l'*ouest* à sa gauche et l'*est* à sa droite.

8. — Les points cardinaux et leurs intermédiaires, ou points collatéraux, sont représentés par la *rose des vents*.

9. — S'orienter, c'est chercher l'*orient* ou tout autre point cardinal. — L'aiguille aimantée de la boussole indique le nord.

10. Représentation de la Terre. — Pour représenter la Terre, on se sert de *sphères* ou de *cartes*.

11. — Une **sphère** est un globe qui représente la Terre avec sa forme réelle.

12. — Une **carte** est une figure ordinairement plane qui représente la Terre entière ou seulement une partie de sa surface.

13. — On donne le nom de **mappemonde** à la carte qui représente la Terre divisée en deux hémisphères ou moitiés de sphère.

14. — Dans les cartes, le nord est en *haut*, le sud en *bas*, l'*ouest* à *gauche* et l'*est* à *droite*.

QUESTIONNAIRE. — 1. Qu'est-ce que la géographie? — 2. Quelle est la forme de la Terre? Quelle est la longueur de sa circonférence? — 3. Qu'appelle-t-on horizon? — 4. Nommez les points cardinaux. — 5. Par quoi est indiqué le nord? — le sud? — 6. De quel côté est l'est? — l'ouest? — 7. Quand on a le nord devant soi, où sont les autres points cardinaux? — 8. Par quoi représente-t-on les points cardinaux? — 9. Qu'est-ce que s'orienter? Quel point cardinal indique la boussole? — 10. Comment représente-t-on la Terre? — 11. Qu'est-ce qu'une sphère? — 12. Qu'est-ce qu'une carte? — 13. Qu'est-ce qu'une mappemonde? — 14. Où sont les points cardinaux dans une carte?

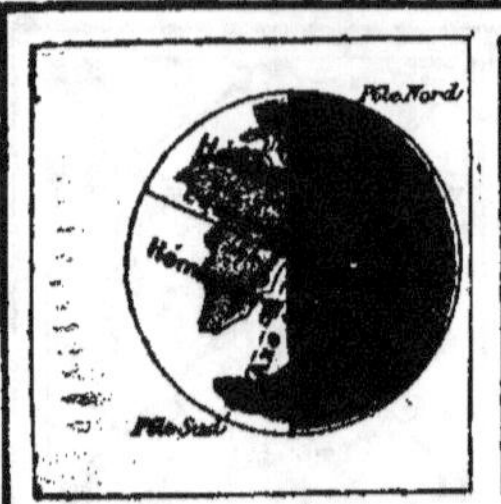

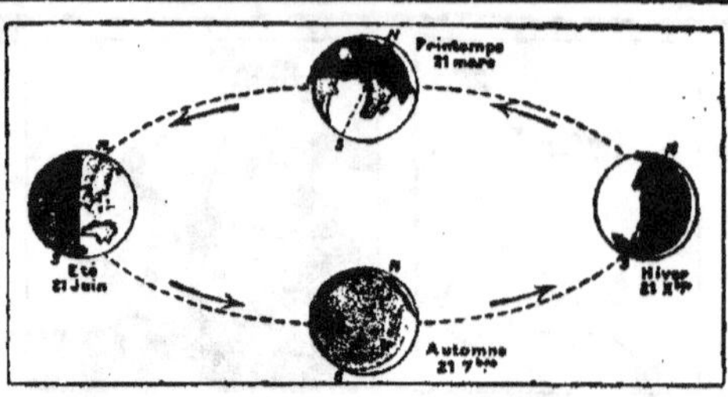

NOTIONS PRÉLIMINAIRES (suite).

1. Double mouvement de la Terre. — La Terre n'est pas immobile ; elle tourne sur elle-même en même temps qu'elle tourne autour du soleil.

2. — Le premier de ses mouvements est appelé mouvement de *rotation,* et le second, mouvement de *translation.*

3. Mouvement de rotation. — Dans son mouvement de rotation, la Terre tourne autour d'une ligne imaginaire appelée *axe* de la Terre. Les deux extrémités de cet axe se nomment : l'une **pôle nord** ou *arctique,* et l'autre **pôle sud** ou *antarctique.*

4. — Pour faire un tour sur elle-même, la Terre met une journée de 24 heures. Ce mouvement produit la *succession des jours et des nuits.*

5. Equateur. — L'équateur est un cercle imaginaire qui fait le tour de la Terre à égale distance des deux pôles.

6. — L'équateur divise la surface de la Terre en deux **hémisphères** : l'hémisphère *boréal* ou du *nord* et l'hémisphère *austral* ou du *sud.*

7. Mouvement de translation. — Pour accomplir son mouvement de translation, la Terre met une année ou plus exactement 365 jours 1/4, bien qu'elle franchisse 30 kilomètres par seconde.

8. — Le mouvement de translation produit les changements de *saisons.* Dans notre pays, il y a quatre saisons : le *printemps, l'été, l'automne* et *l'hiver.*

9. Latitude. — La **latitude** d'un lieu est la distance de ce lieu à l'équateur. La latitude est *septentrionale* ou *méridionale,* suivant que le lieu est au nord ou au sud de l'équateur. Il y a 90° de latitude nord et 90° de latitude sud.

10. Méridiens et longitude. — Les **méridiens** sont des cercles imaginaires qui font le tour de la Terre en passant par les deux pôles.

11. — Chaque pays a son méridien ; le méridien de la France passe par Paris ; il est marqué par un zéro (0) sur nos cartes.

12. — La **longitude** d'un lieu est la distance de ce lieu à un méridien convenu et qui est pour nous celui de Paris. Il y a 180° de longitude *orientale* et 180° de longitude *occidentale.*

13. Zones terrestres. — Quatre cercles parallèles, les deux **tropiques** et les deux **cercles polaires,** divisent la surface de la terre en **cinq zones :**

1° La **zone torride** ou brûlante, comprise entre les deux tropiques ;

2° La **zone glaciale du nord,** limitée par le cercle polaire arctique ;

3° La **zone glaciale du sud,** limitée par le cercle polaire antarctique ;

4° La **zone tempérée du nord,** située entre le cercle polaire arctique et le tropique du *Cancer ;*

5° La **zone tempérée du sud,** entre le cercle polaire antarctique et le tropique du *Capricorne.*

QUESTIONNAIRE. — 1. Combien de mouvements la Terre exécute-t-elle ? — 2. Quels sont ces mouvements ? — 3. Qu'appelle-t-on axe de la Terre ? Nommez-en les extrémités. — 4. Quelle est la durée d'un mouvement de rotation de la Terre ? Que produit ce mouvement ? — 5. Qu'est-ce que l'équateur ? — 6. Comment divise-t-il la surface de la Terre ? — 7. Quelle est la durée d'un mouvement de translation de la Terre ? — 8. Que produit ce mouvement ? — 9. Qu'appelle-t-on latitude ? — 10. Qu'est-ce qu'un méridien ? — 11. Quel est notre méridien ? — 12. Qu'appelle-t-on longitude ? — 13. Par quoi la surface de la Terre est-elle divisée en zones ? Nommez les cinq zones terrestres.

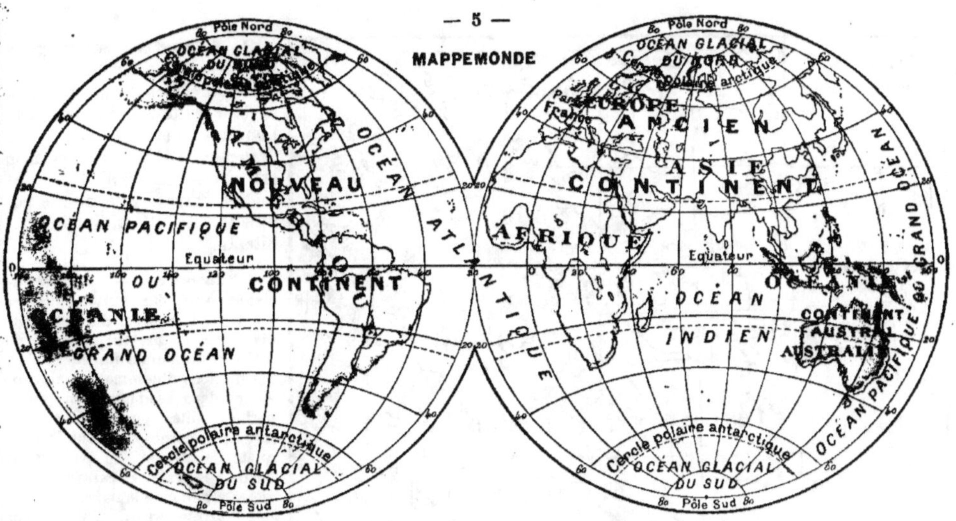

GRANDES DIVISIONS DU GLOBE

1. — Le quart de la surface du globe est occupé par les **terres**; les trois autres quarts sont recouverts par une immense étendue d'eau salée appelée **océan** ou **mer**.

2. Terres. — Les terres comprennent cinq grandes divisions qu'on appelle les cinq **parties du monde**, ce sont : l'**Europe**, l'**Afrique**, l'**Asie**, l'**Amérique** et l'**Océanie**.

3. — On donne le nom de **continents** aux grandes étendues de terres que l'on peut parcourir sans traverser la mer. L'*Europe*, l'*Afrique* et l'*Asie* forment l'**Ancien continent**; l'*Amérique* forme le **Nouveau continent**; l'*Océanie* comprend l'*Australie*, ou **continent Austral**, et les *Îles* de l'océan Pacifique.

4. Eaux. — L'Océan comprend cinq grandes divisions :

1° L'**océan glacial du Nord**, qui s'étend jusqu'au cercle polaire arctique;

2° L'**océan glacial du Sud**, limité par le cercle polaire antarctique;

3° L'**océan Atlantique** ;

4° L'**océan Pacifique** ou **Grand Océan** ;

5° L'**océan Indien**.

Lecture. — Le fond de l'Océan est inégal ; par endroits, il est à peine recouvert d'eau ; dans d'autres, il se creuse en abîmes de 7 000 à 8 000 mètres.

La surface de la mer est extrêmement variable. Très rarement, par des temps exceptionnellement calmes, elle est polie comme un miroir. Mais la moindre brise y forme des *rides* ou des *vagues*, et les tempêtes y soulèvent des *lames* et des *paquets de mer* capables de couler les plus fortes embarcations.

La mer est soumise à des mouvements réguliers, ceux des marées et des courants.

Deux fois par vingt-quatre heures, la masse des eaux se gonfle et s'avance vers la terre; c'est ce qu'on nomme le *flux* ou marée montante. Elle se retire ensuite avec le *reflux* ou marée descendante. Souvent les vaisseaux profitent du flux pour aborder le rivage et du reflux pour regagner la pleine mer.

Quant aux courants, ce sont de vrais fleuves, les uns chauds, les autres froids, qui traversent l'Océan dans une direction invariable, et qui réchauffent les terres voisines, ou les glacent. La connaissance des courants permet aux marins de naviguer plus rapidement et plus sûrement. Et c'est ainsi que la mer rapproche les continents qu'elle a l'air de séparer.

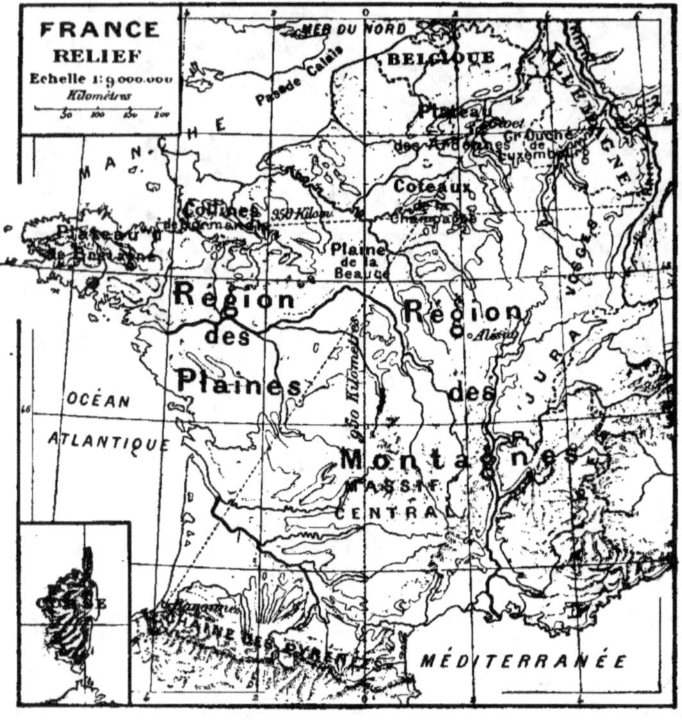

LA FRANCE

1. Situation. — La France est située dans l'hémisphère boréal, à peu près à égale distance du pôle nord et de l'équateur.

2. Limites. — La France a pour limites : au nord, la **mer du Nord**, le **Pas de Calais** et la **Manche**; — à l'ouest, l'**océan Atlantique**; — au sud, les **Pyrénées** et la **Méditerranée**; — à l'est, les **Alpes**, le **Jura** et le **Rhin**. Du côté du nord-est, aucune barrière naturelle ne la sépare de la Belgique, du Grand-Duché de Luxembourg et de l'Allemagne.

3. Étendue et population. — La France mesure 950 kilomètres du nord au sud et 950 kilomètres environ de l'ouest à l'est.

Depuis 1918, sa superficie est d'environ 550 000 kilomètres carrés. Elle a une population de 40 millions d'habitants.

1re Lecture. — La Gaule ancienne avait pour limites extrêmes les Alpes et le cours du Rhin. Elle était presque partout couverte de forêts et de marais impénétrables. Six millions d'hommes au plus vivaient dans ses plaines en grande partie incultes, quand César et les légions romaines en firent la conquête, s'ouvrant un passage la hache à la main, et passant les rivières à gué ou à la nage. Les Gaulois succombèrent, malgré leur vaillance, parce qu'ils ne surent pas s'entendre et s'unir.

Leur admirable chef, Vercingétorix, né au pays d'Auvergne, fut réduit à capituler, après une résistance héroïque dans la place forte d'*Alésia*.

2e Lecture. — La France actuelle, moins étendue que la Gaule ancienne, l'emporte par le nombre et la science des habitants, et par la richesse des produits. Quarante millions de Français, formant une nation forte et bien unie, y pratiquent toutes les cultures des pays tempérés, fabriquent dans les usines et les ateliers mille objets divers, se livrent au commerce avec tous les peuples du monde, et disputent le premier rang dans les œuvres des sciences, de la littérature et de l'art.

Cette douce France, chantée par les poètes, enviée par les étrangers qui se plaisent à vivre sous son ciel délicieux, est pour nous la patrie, la terre auguste des héros et des grands souvenirs.

A l'exemple des ancêtres qui nous l'ont léguée, notre devoir est de l'aimer, de la respecter, de travailler sans cesse à la maintenir vivante et forte en gardant nos qualités et nos vertus nationales, et en nous instruisant à l'école des nations qui sont nos rivales.

QUESTIONNAIRE. — SOMMAIRE. — 1. Où est située la France? — 2. Faites-en connaître les limites. — 3. Quelles sont les principales dimensions de la France? Quelle en est la superficie? — la population?

1re LECTURE. — Faites connaître les limites de l'ancienne Gaule; — sa population. — Lequel de ses chefs fut soumis par les Romains?

2e LECTURE. — Que savez-vous de l'étendue de la France par rapport à la Gaule? — Quelle est sa population? — Quelle est l'importance de ses cultures, de son industrie, de son rang? — Dites ce qu'est la France pour les étrangers, — pour nous-mêmes. — Quels sont nos devoirs envers elle?

RELIEF DU SOL. — DÉFINITIONS

1. — On donne le nom général de **relief** aux parties du sol qui s'élèvent plus ou moins au-dessus du niveau de la mer. Cette élévation d'un lieu, par rapport à la surface de la mer, s'appelle **altitude**.

2. — Le relief comprend les *plaines*, les *plateaux*, les *montagnes*.

3. — Une **plaine** est une surface généralement unie, peu accidentée et peu élevée au-dessus de la mer : *plaine de la Beauce*.

4. — Un **plateau** est une haute plaine dont la surface n'est pas toujours régulière et uniforme.

5. — Une **montagne** est une masse de terre ou de pierre très élevée au-dessus de la plaine.

6. — Une **colline** est une montagne peu élevée ; un **coteau** est une petite colline : *collines de Normandie, coteaux de la Champagne*.

7. — On appelle **cime** ou **sommet** la partie la plus élevée de la montagne ; la partie la plus basse est la **base** ou le **pied**. La pente ou le **flanc** est la partie inclinée qui s'étend du sommet à la base.

8. — Les sommets pointus sont appelés **pics** ou **puys** ; un **ballon** est un sommet arrondi.

9. — Un **volcan** est une montagne qui vomit de la fumée, des cendres et de la **lave** par une ouverture appelée **cratère**.

1re Lecture. — Les effets du feu souterrain. — Bien avant de prendre son aspect actuel, la terre a été un globe de feu enveloppé d'épaisses vapeurs. Ce globe s'est contracté en refroidissant, et les saillies de sa surface ont formé les premières montagnes. Mais le feu central ne s'est pas éteint, et il se manifeste encore de bien des façons.

A mesure que l'on creuse un puits de mine, la température s'élève, et les mineurs mourraient de chaleur et d'étouffement si on ne refoulait vers eux de l'air frais à l'aide de ventilateurs.

En maint endroit, il s'échappe du sol des vapeurs de soufre ou des sources chaudes.

L'apparition de terres nouvelles au milieu des eaux, les éruptions soudaines de certains volcans, les tremblements de terre qui détruisent parfois toute une ville, enfin la présence de quatre cents volcans dans le monde, tout prouve que le feu intérieur est encore ardent.

De nos jours, ses manifestations sont rares ; mais il a eu une puissance irrésistible. En des milliers de lieux, il a fait éclater l'écorce terrestre ; il a redressé ou entassé les unes au-dessus des autres des masses monstrueuses. Et nombre de montagnes ne sont que les formidables restes de tremblements de terre très anciens.

10. — Une **chaîne de montagnes** est une rangée de montagnes qui se touchent par la base : *chaîne des Pyrénées*.

11. — Un **massif** est un groupe irrégulier de montagnes, de plateaux et de collines : *Massif Central*.

12. — On appelle **versant** d'une chaîne de montagnes l'ensemble des pentes qui *versent* leurs eaux du même côté de la chaîne.

13. — Un **col** est un passage entre deux montagnes ; un col étroit se nomme **défilé** ; un col profond est une **gorge**.

14. — Une **vallée** est un pays plus ou moins encaissé entre deux lignes de hauteurs.

15. — Un **désert** est un pays que la sécheresse et la température rendent inhabitable.

16. Relief de la France. — Si l'on tire une ligne droite de *Bayonne* à *Givet,* on divise la France en deux régions distinctes : celle des **montagnes** au sud-est ; celle des **plaines** au nord-ouest.

17. Montagnes. — Les montagnes de France forment cinq groupes principaux : **Massif Central, Pyrénées, Alpes, Jura** et **Vosges**, et deux groupes secondaires : plateau des **Ardennes** et plateau de **Bretagne**.

2e Lecture. — Variété, charme et utilité des montagnes. — Si la mer est admirable par le spectacle changeant de ses jeux de lumière et d'ombre, de sa sérénité et de ses fureurs, la montagne ne l'est pas moins par la majestueuse beauté de ses cimes, la grâce et la fraîcheur de ses vallons, l'horreur de ses précipices qui donnent le vertige.

Si rude que soit une ascension on l'entreprend avec allégresse, tant elle ménage d'attrayantes surprises : à chaque pas, à chaque détour un site nouveau apparaît. Des forêts sombres succèdent à des hauteurs âpres et nues ; des pâturages fleuris sont suspendus à des rochers abrupts bordés d'abîmes, en face de champs de neige, de glaciers et de pics géants. On a beau revoir les paysages déjà vus, on y fait chaque fois de nouvelles découvertes.

On goûte dans la montagne un calme profond à peine interrompu par le murmure des cascades et le bruit des torrents. On y respire un air pur et vif, tout imprégné des parfums des fleurs sauvages. Un séjour dans la montagne est le remède suprême contre la vie énervante des villes. Gravir les montagnes est un des exercices les plus entraînants et les plus sains pour le corps et pour l'âme.

QUESTIONNAIRE. — **1er Sommaire.** — 1. Qu'appelle-t-on relief ? — 2. Que comprend-il ? — 3. Qu'est-ce qu'une plaine ? — 4. Qu'est-ce qu'un plateau ? — 5. Qu'est-ce qu'une montagne ? — 6. Qu'est-ce qu'une colline ? — un coteau ? — 7. Qu'appelle-t-on cime d'une montagne ? — base ? — pente ? — 8. Qu'est-ce qu'un pic ? — un ballon ? — 9. Qu'est-ce qu'un volcan ?

2e Sommaire. — 10. Qu'est-ce qu'une chaîne de montagnes ? — 11. Qu'est-ce qu'un massif ? — 12. Qu'appelle-t-on versant ? — 13. Qu'est-ce qu'un col ? — un défilé ? — une gorge ? — 14. Qu'est-ce qu'une vallée ? — 15. Qu'est-ce qu'un désert ? — 16. Comment se divise le relief de la France ? — 17. Nommez les groupes de montagnes.

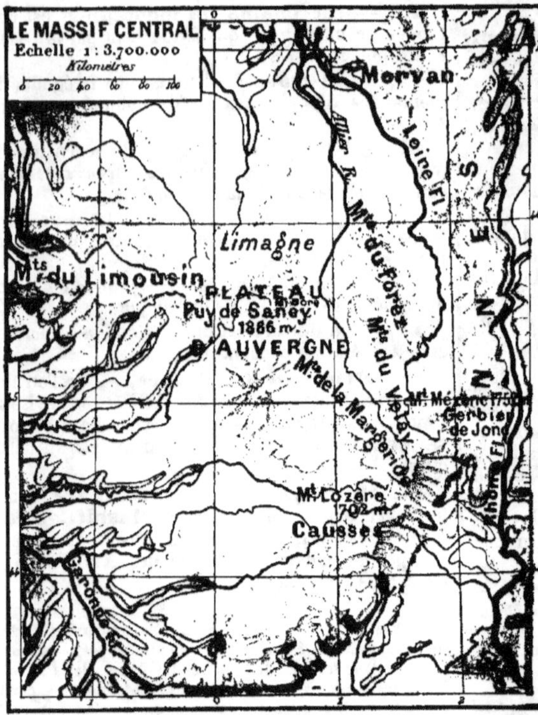

LE MASSIF CENTRAL

1. — Le **Massif Central** s'élève entre les vallées du Rhône, de la Garonne et de la Loire ; il couvre le sixième de la France.

2. — Le Massif s'appuie à l'est sur la longue chaîne des **Cévennes** dont les principaux sommets sont le **Lozère** (1702 m.), et le **Mézenc** (1752 m.), voisin du **Gerbier de Jonc**.

3. — Au sud-ouest des Cévennes s'étendent les **Causses**, vastes plateaux calcaires sillonnés de profonds ravins.

4. — Au nord-ouest du Lozère, la montagne nue de la **Margeride** aboutit au **plateau d'Auvergne**, tout hérissé de volcans éteints et prolongé par les monts du **Limousin**. Le **puy de Sancy**, la plus haute cime du Massif, atteint 1886 mètres.

5. — Entre l'Allier et la Loire s'avance la chaîne volcanique du **Velay** et du **Forez**.

6. — Au Massif Central se rattachent les monts granitiques et boisés du **Morvan**.

Lecture. — A l'époque où notre pays était encore presque entièrement recouvert par les eaux, le Massif Central formait une grande île granitique, aux contours profondément découpés. Par la suite, plus de cent volcans ont bouleversé le plateau d'Auvergne et la chaîne du Velay. Ils sont éteints depuis des siècles ; mais leurs cratères sont admirablement conservés, et les masses de lave et de basalte qu'ils ont vomies sont employées comme matériaux de construction.

Les roches du Massif Central sont impropres à la culture. A part les opulentes vallées de la Limagne et du Forez, le sol ne porte que des massifs de châtaigniers, de maigres pâturages et de pauvres récoltes de seigle et de pommes de terre.

Mais le sous-sol est mieux doté : il renferme de la houille, du fer, du kaolin et une étonnante variété d'eaux minérales. Chaque année de nombreux malades viennent leur demander la guérison ; ils profitent de leur séjour pour visiter les vestiges des anciens volcans et les grottes merveilleuses que les sources et les torrents ont creusées dans les plateaux des Causses.

Massif Central. — Le Pic du Capucin, vu du Mont-Dore.

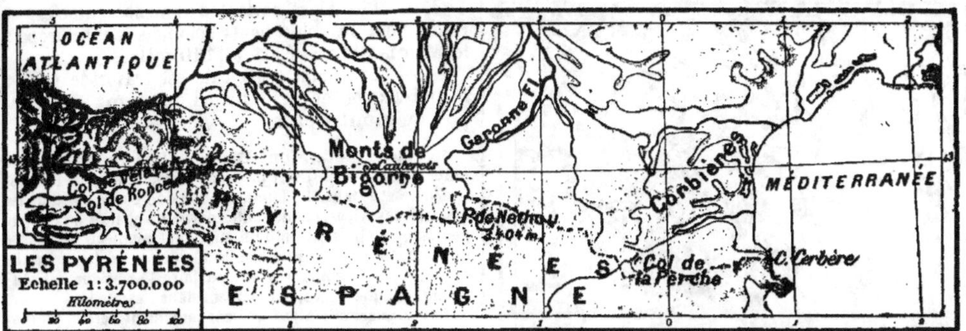

LES PYRÉNÉES

1. — La chaîne des **Pyrénées** s'élève comme une gigantesque muraille entre la France et l'Espagne, du col de *Velate* au cap *Cerbère*.

2. — Elle s'abaisse seulement aux deux extrémités : à l'ouest s'ouvre le col de *Roncevaux*, et à l'est celui de la *Perche*.

3. — C'est dans les Pyrénées centrales que se dressent les plus hauts pics : celui de *Néthou*, qui est en Espagne, atteint 3404 mètres.

4. — Sur le versant français s'étendent les monts de *Bigorre* et les *Corbières*.

Lecture. — La chaîne des Pyrénées apparaît comme un énorme rempart élevé pour la défense de notre territoire du côté de l'Espagne. Partout, sauf aux deux extrémités, sa crête, découpée comme les dents d'une scie, est inaccessible une grande partie de l'année, même aux plus hardis piétons.

Les Pyrénées renferment d'abondantes carrières de beaux marbres, des gisements de fer, et plus de cinq cents sources d'eaux minérales jaillissent du versant français.

Si, à l'est, les pentes sont arides et dénudées, à l'ouest elles sont mieux arrosées et nourrissent une de nos meilleures races de chevaux.

Tristes et désertes en hiver, les Pyrénées sont gaies et animées pendant la belle saison ; et ce qu'on y admire le plus, ce sont les crêtes aiguës, étincelantes de neige, les cirques grandioses, et les cascades aux eaux limpides.

Pyrénées. — Le lac de Gaube, environs de Cauterets.

QUESTIONNAIRE. — SOMMAIRE. — 1. Entre quels pays s'élève la chaîne des Pyrénées? — 2. Où s'abaisse-t-elle? Par quels cols est-elle traversée? — 3. Où se trouvent les plus hauts sommets? Que savez-vous du pic de Néthou? — 4. Nommez les principaux monts qui s'avancent sur le versant français.

LECTURE. — A quoi ressemble la chaîne des Pyrénées? — Que dit-on de sa crête? — Quelles richesses minérales renferment les Pyrénées? — Que dit-on des pentes de l'est? — de celles de l'ouest? — Quel aspect présentent les Pyrénées en hiver? — en été? — Quelles en sont les principales curiosités?

LES ALPES

1. — Les **Alpes** séparent la vallée du Rhône de celle du Pô.

2. — La chaîne principale des Alpes va en s'élevant de la Méditerranée au *Mont-Blanc*. Son versant oriental tombe à pic sur la plaine italienne ; du côté de la France, elle envoie de puissants contreforts jusqu'auprès du Rhône : **Alpes de Savoie**, du **Dauphiné** et de **Provence**.

3. — Les Alpes portent d'immenses glaciers et renferment les plus hauts sommets de l'Europe : le **Mont-Blanc** s'élève à 4 810 mètres.

4. — La chaîne principale est traversée par de nombreux cols et par le tunnel du **mont Fréjus**, près du **mont Cenis**.

Lecture. — Le Mont-Blanc est français dans presque toute son étendue. Il sert de borne à trois États, la France, la Suisse et l'Italie. Il domine de son dôme colossal tous les glaciers des Alpes, et, de toutes parts, il apparaît aux voyageurs émerveillés revêtu d'un étincelant manteau de neiges qui ne fondent jamais. Seuls, les alpinistes hardis, conduits par des guides sûrs, peuvent en faire l'ascension, et plusieurs, chaque année, succombent dans l'escalade.

Les glaciers des Alpes glissent lentement vers la plaine ; peu à peu leurs eaux figées filtrent à travers la masse, pendant les mois chauds de l'été, et se précipitent en torrents blanchâtres et bourbeux. Souvent ces torrents, au sortir de gorges sauvages, forment de beaux lacs profonds, où ils déposent leurs *troubles*, et d'où ils sortent épurés et limpides. Ces beautés naturelles attirent dans les Alpes d'innombrables visiteurs. Leur séjour dans les montagnes apporte un peu d'aisance aux habitants, qui, en hiver, émigrent souvent pour gagner leur vie dans les villes de la plaine.

Alpes. — Une ascension au Mont-Blanc ; passage des glaciers.

LE JURA

1. — Le **Jura** s'étend entre la vallée de la Saône et la plaine suisse. C'est un vaste plateau calcaire sur lequel s'étagent de nombreux chaînons parallèles séparés par de profondes vallées.

2. — Le dernier chaînon, qui est le plus élevé, porte le *Crêt de la Neige*, 1723 mètres.

LES VOSGES

3. — La chaîne des **Vosges** sépare le plateau lorrain de la plaine alsacienne. Elle est coupée par de nombreux cols, et ses sommets arrondis ou *ballons* sont couverts de forêts et de pâturages. Le *Ballon d'Alsace* atteint 1250 mètres.

Lecture. — Comparés au chaos majestueux des Alpes, le Jura et les Vosges sont d'une extrême simplicité.

Le Jura comprend un grand nombre de chaînons parallèles ébréchés de profondes entailles appelées *cluses*, par où les rivières s'échappent en chutes successives pour descendre vers la plaine. Le long de leur parcours, elles font marcher les roues et les turbines des scieries, des *tourneries* et des usines.

Les Vosges sont formées de hautes terrasses dominées par des ballons et embellies par des lacs délicieux, qui sont encadrés de magnifiques forêts de sapins.

Point de neiges éternelles ni de sommets géants comme ceux des Alpes; mais l'existence ici est moins précaire : bûcheron, berger ou horloger dans la montagne, vigneron ou tisserand dans la plaine, l'habitant gagne sa vie sans émigrer. Les plus heureux poussent très loin leurs études; et nulle région n'a doté la France de tant d'officiers, d'écrivains illustres et de savants. Le grand Pasteur était Jurassien.

Jura. — *Une cluse près du Saut du Doubs.*

Vosges. — *Le lac de Longemer; environs de Gérardmer.*

QUESTIONNAIRE. — 1er SOMMAIRE. — 1. Nommez les deux grands avantages que présentent nos plaines. — 2. Nommez les vallées et les plaines qui s'étendent à l'est et au sud-est du Massif Central. — 3. Quelle est la grande vallée du Sud-Ouest de la France? A quelle plaine se relie-t-elle? — 4. Quelle est la grande plaine du Nord-Ouest? A quels marais fait-elle suite? — 5. Par quelles plaines est entourée la plaine de l'Ile-de-France?

1re LECTURE. — Par quoi les plaines ont-elles été recouvertes? — Existe-t-il des plaines dans lesquelles la mer a laissé des traces évidentes? — Quelles sont ces plaines? — Par quoi sont caractérisés le Périgord, la Champagne et les Landes? — Pourquoi ces plaines sont-elles peu fertiles? — De quoi est formé le sol de nos meilleures plaines? — Citez les plus fécondes. — Pourquoi sont-elles les plus peuplées?

PLAINES, COLLINES ET PLATEAUX

1. Plaines. — Nos plaines sont aussi variées que bien distribuées.

2. — A l'est et au sud-est du Massif Central, l'étroite *vallée du Rhône* relie la *plaine de la Saône* aux vignobles du *Bas-Languedoc*.

3. — Au sud-ouest, la *vallée de la Garonne* va rejoindre la plaine boisée et marécageuse des *Landes*.

4. — Au nord-ouest, la riante *plaine de la Loire* fait suite aux marais de la *Sologne*.

5. — Plus au nord, l'*Ile-de-France* est entourée par la fertile plaine de la *Flandre*, la crayeuse *Champagne* et la *Beauce*, riche en céréales.

1ʳᵉ Lecture. — **Double origine des plaines.** — Toutes les plaines ont séjourné longtemps sous les eaux.

Il y a des plaines dans lesquelles la *mer* a laissé des traces évidentes : les calcaires marneux du *Périgord*, les craies de la *Champagne*, la couche de sable qui couvre les *Landes* ont une origine marine. Ce sont généralement des terres pauvres, parce que leurs éléments sont peu variés.

Nos plaines les plus fécondes sont celles qui ont reçu le dépôt des *eaux douces* : les alluvions des fleuves, les limons accumulés au fond des golfes et des lacs aujourd'hui desséchés sont devenus les grasses campagnes de la *Flandre*, de la *Garonne* moyenne, de la *Brie*, de la *Limagne* et du *Graisivaudan*. C'est là que les populations se pressent et que prospèrent toutes les cultures.

6. Collines. — Les collines sont des renflements du sol qui s'élèvent généralement en pente douce au-dessus de la plaine : ainsi les collines du *Perche* au-dessus de la Beauce.

7. Plateaux. — La colline qui s'étend largement et garde à peu près la même altitude et le même aspect est un **plateau**. Tel est le *plateau lorrain* qui domine la Champagne ; tel est le *plateau de Lannemezan*, en avant des Pyrénées.

8. — Le plateau forme souvent une **terrasse** qui est le premier gradin d'une montagne. Les *Causses* du Massif Central sont des plateaux étagés au-dessous de la chaîne des Cévennes.

2ᵉ Lecture. — **Charme et utilité des collines.** — Les collines n'ont pas la beauté imposante des montagnes, et ne montrent pas les mêmes spectacles grandioses. Là, point de glaciers, de neiges permanentes, de ruisselantes cascades, de cratères volcaniques, de précipices et de gouffres.

Mais ce que les collines et les terrasses des plateaux perdent en grandeur et en effroi, elles le regagnent en charme et en grâce. Elles recueillent et distillent sur leurs pentes gazonnées ou boisées l'eau des pluies, et la versent doucement à la plaine. Elles garantissent des vents et du froid les cultures délicates ; elles ne redoutent pas les ouragans et les fléaux de la montagne. Elles jouissent d'un climat plus tiède ; les hommes et les animaux y vivent, y travaillent et y circulent avec plus de commodité et moins de fatigue.

Plaine de la Beauce.

Colline du Berri.

QUESTIONNAIRE. — 1er SOMMAIRE. — 1. Qu'appelle-t-on source d'un cours d'eau? Que forment les sources? — 2. Qu'est-ce qu'un fleuve? — 3. Qu'est-ce qu'une rivière? — 4. Qu'est-ce qu'un ruisseau? — 5. Qu'est-ce qu'un torrent? Dans quelles circonstances grossit-il brusquement? — 6. Qu'appelle-t-on affluent? — 7. Qu'est-ce qu'un confluent? — 8. Qu'appelle-t-on lit d'un fleuve? — 9. Qu'entendez-vous par descendre ou remonter un cours d'eau? — 10. Combien un fleuve a-t-il de rives? — 11. Qu'appelle-t-on rive droite ou rive gauche d'un fleuve? — 12. Qu'est-ce que l'embouchure d'un fleuve? — 13. Qu'appelle-t-on estuaire? Qu'est-ce qu'un delta? — 14. Qu'appelle-t-on bassin d'un fleuve? — 15. De quoi se compose la ceinture d'un bassin?

1re LECTURE. — D'où provient l'eau des cours d'eau? — Qu'arriverait-il aux fleuves sans leurs affluents? — Où les affluents des fleuves naissent-ils le plus souvent? — Que devient l'eau des pluies? — Quel rôle important jouent les affluents dans le régime des fleuves?

LES COURS D'EAU. — DÉFINITIONS

1. — La **source** d'un cours d'eau est la première eau qui sort de terre. Les sources forment les **fleuves**, les **rivières**, les **ruisseaux** et les **torrents**.

2. — Un **fleuve** est un grand cours d'eau qui se jette dans la mer : *Rhône, Seine.*

3. — Une **rivière** est un cours d'eau qui se jette dans un fleuve ou dans une autre rivière : *Oise, Aisne.*

4. — Un **ruisseau** est une petite rivière.

5. — Un **torrent** est un cours d'eau rapide qui descend sur la pente d'une montagne ; il grossit brusquement pendant les pluies d'orage et à la fonte des neiges.

6. — Les **affluents** d'un fleuve ou d'une rivière sont les cours d'eau qui se jettent dans ce fleuve ou cette rivière : *Saône, Doubs.*

7. — Un **confluent** est le lieu où deux cours d'eau se réunissent: *Lyon* est au confluent du *Rhône* et de la *Saône.*

8. — Le **lit** d'un fleuve est le sillon où coule l'eau de ce fleuve.

9. — **Descendre** un cours d'eau, c'est aller vers la mer, dans le sens du courant; **remonter** un cours d'eau, c'est aller vers la source, en sens inverse du courant.

10. — Un fleuve a deux bords ou deux **rives**.

11. — La **rive droite** est celle qu'un bateau a sur sa droite quand il descend le cours du fleuve ; la **rive gauche** est la rive opposée.

12. — L'**embouchure** d'un fleuve est l'ouverture par où il se jette ou débouche dans la mer : *embouchure de la Loire.*

13. — Une large embouchure est un **estuaire** : *estuaire de la Seine, de la Gironde.* Si un fleuve a plusieurs embouchures ou **bouches**, on appelle **delta** l'île comprise entre les bras extérieurs de ce fleuve : *delta du Rhône.*

14. — Le **bassin** d'un fleuve est l'ensemble des territoires qui envoient leurs eaux à ce fleuve et à ses affluents.

15. — La **ceinture d'un bassin** est la ligne de hauteurs qui entourent ce bassin. La ceinture est souvent peu apparente : ainsi entre la Loire et la Seine, au nord d'Orléans.

1ʳᵉ Lecture. — Origine des cours d'eau. — Le flot écumeux des torrents, le cristal de nos fontaines et la rosée qui perle dans le calice des fleurs ont la même origine : toute eau vient de l'Océan par l'intermédiaire des nuages.

Ce fleuve majestueux qui va se perdre dans la mer vient d'un *glacier*; rongeant ses rives et roulant dans ses eaux furieuses les terres, les pierres et les arbres, il bondit de roche en roche jusqu'à la plaine. Là, il a perdu son élan, et il s'épuiserait en arrosant les campagnes s'il ne recevait le tribut de ses affluents.

Ces derniers descendent des collines, des coteaux boisés et de tous les lieux où la pluie tombe avec abondance. Le trop-plein de ces eaux célestes forme immédiatement des ruisseaux et des rivières ; le reste humecte les racines des plantes, s'infiltre dans les terres poreuses, glisse sur les roches imperméables et finalement reparaît au jour sous forme de ruisselets ou de rivières.

Les affluents grossissent le cours des fleuves; ils lui assurent un débit plus constant et le rendent plus utile à la culture et au commerce.

16. Eaux dormantes. — Un **lac** est une grande masse d'eau douce enclavée dans les terres : *lac de Genève* ou *Léman.*

17. — Un **étang** est un petit lac.

18. — Un **marais** est un terrain recouvert d'une eau stagnante et peu profonde : *marais de la Sologne.*

19. — Les cours d'eau de la France se versent à l'Océan ou à la Méditerranée. L'**océan Atlantique** reçoit, par la mer du Nord et la Manche, les eaux du *Rhin*, de la *Meuse*, de l'*Escaut*, de la *Seine*, et, directement, celles de la *Loire* et de la *Garonne*; la **Méditerranée** reçoit celles du *Rhône.*

2ᵉ Lecture. — Pas de déserts arides, pas de bassins fermés, pas d'eaux stagnantes, tels sont les privilèges de notre système fluvial.

Les eaux stagnantes étaient une cause de misère et de danger. Les étangs et les marais étaient encore nombreux, il y a un siècle, et le soleil, échauffant leurs nappes hourbeuses, répandait autour d'elles des miasmes meurtriers. La population, chétive, minée par la fièvre, mourait tôt.

Grâce à d'immenses travaux de desséchement, on a créé de vastes prairies et des champs fertiles dans la Sologne et dans la Dombes, on a assaini les Landes, aujourd'hui délivrées de la fièvre, et couvertes de belles forêts de pins résineux, où les malades vont chercher des forces et la guérison.

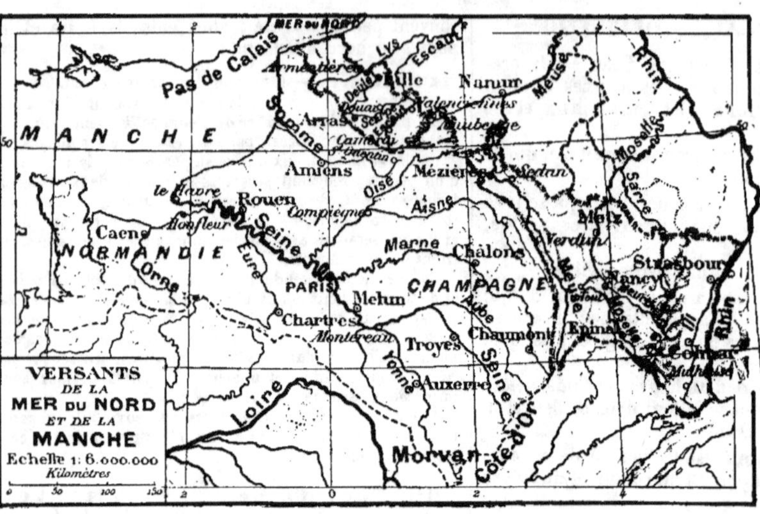

VERSANT DE LA MER DU NORD

1. — Le **Rhin** limite de nouveau notre pays. Ses affluents sont : l'**Ill**, qui passe à *Mulhouse, Colmar* et *Strasbourg*; la **Moselle**, qui arrose *Épinal, Toul, Metz*, et reçoit la **Meurthe**, rivière de *Nancy*.

2. — La **Meuse** serpente au fond d'une étroite vallée où elle baigne *Verdun, Sedan, Mézières*. A *Namur*, elle reçoit la **Sambre**, rivière de *Maubeuge*.

3. — L'**Escaut** arrose *Cambrai* et *Valenciennes* en France. Sur sa gauche, il reçoit : la **Scarpe**, qui passe à *Arras* et à *Douai*; la **Lys**, rivière d'*Armentières*, grossie de la **Deûle**, rivière de *Lille*.

1re Lecture. — L'artiste qui cherche les sources vives et la pittoresque nature admirera la Meuse et la Moselle. Mais qu'il se garde de pousser jusqu'à l'Escaut !

L'Escaut et ses tributaires sont captés dès leur origine et encaissés dans des canaux. Leurs eaux, empoisonnées par le rouissage des lins, par les égouts des villes et par les résidus de l'industrie, se traînent si lentement entre leurs rives plates qu'on a peine à discerner le sens de leur courant.

La France n'a pas de plus laides rivières; mais elle n'en a pas de plus utiles ni qui portent tant de milliers de bateaux chargés de grains, de betteraves, de pierres à bâtir, de minerais et de houille.

VERSANT DE LA MANCHE

4. La Seine. — La Seine (780 kilom.) naît dans la *Côte d'Or;* elle descend lentement à travers la Champagne; elle arrose *Troyes, Melun, Paris, Rouen* et se jette dans la Manche entre *le Havre* et *Honfleur.*

5. — La Seine est très sinueuse dans la seconde partie de son cours; mais c'est le plus régulier et le plus navigable de nos grands fleuves.

6. — Elle reçoit à droite : l'**Aube**; la **Marne**, qui arrose *Chaumont* et *Châlons*; l'**Oise**, grossie de l'**Aisne** à *Compiègne*.

7. — Elle reçoit à gauche : l'**Yonne**, qui passe à *Auxerre*; l'**Eure**, rivière de *Chartres*.

8. Fleuves côtiers. — Les deux principaux sont : la **Somme**, qui arrose *Saint-Quentin* et *Amiens*; l'**Orne**, rivière de *Caen*.

2e Lecture. — Autant le Rhône est violent et tumultueux, autant la Seine est régulière et paisible. Cette modération s'explique : la Seine et les rivières qu'elle reçoit prennent naissance à une faible altitude, traversent des terrains poreux ou boisés, et ne se rejoignent qu'après avoir décrit de longs détours.

Un seul tributaire fait exception, c'est l'*Yonne*, l'enfant terrible du Morvan. Dès qu'il pleut, son flot dévale sur les granits et gonfle brusquement la Seine; il provoquerait de dangereuses inondations; mais, heureusement, la crue de la Seine à Montereau retarde de quatre jours sur celle de son affluent.

Trois grandes villes se sont bâties sur les bords de la Seine : *Paris*, où convergent toutes les routes de la France; *Rouen*, centre industriel et fluvial de la Normandie, et *le Havre*, mieux situé en face de la haute mer, vrai port de la Seine et de Paris.

1re **Lecture**. — La Loire verse à l'Océan une quantité d'eau suffisante ; si elle la débitait régulièrement, elle serait notre plus beau fleuve.

Mais son cours supérieur et celui de l'Allier appartiennent au Massif Central, dont ils descendent à toute vitesse les pentes raides et déboisées.

La Loire moyenne est tour à tour un ruisselet fuyant parmi les bancs de sable ou un torrent impétueux menaçant les cités et les campagnes. Comme voie navigable, elle ne compte pas.

5. La Garonne. — La Garonne (650 kilom.) naît dans le val d'*Aran*, en Espagne. Elle entre en France par un étroit défilé, arrose *Toulouse, Agen, Bordeaux* et forme, avec la **Dordogne**, le long et large estuaire de la **Gironde**.

6. — La Garonne a un débit assez abondant, mais elle est sujette à des crues subites et redoutables.

7. — Elle reçoit à droite : l'**Ariége**, qui passe à *Foix* ; le **Tarn**, qui arrose *Albi* et *Montauban* ; le **Lot**, qui passe à *Mende* et à *Cahors* ; la **Dordogne**, grossie de la **Vézère** et de l'**Isle**.

8. — A gauche, elle reçoit : le **Gers**, riv. d'*Auch*.

9. Fleuves côtiers. — Ce sont : la **Vilaine**, qui passe à *Rennes* ; la **Charente**, qui arrose *Angoulême* et *Rochefort* ; l'**Adour**, qui passe à *Bayonne*.

VERSANT DE L'ATLANTIQUE

1. La Loire. — La Loire (1 000 kilom.) sort du *Gerbier de Jonc*, descend rapidement dans la plaine du *Forez*, ralentit son cours à *Nevers* et coule ensuite dans une plaine fertile où elle arrose *Orléans, Blois, Tours, Nantes et Saint-Nazaire*.

2. — La Loire est le plus long, mais le moins régulier et le moins navigable de nos fleuves.

3. — La Loire reçoit à droite : la **Nièvre** ; la **Maine**, rivière d'*Angers*, formée de la **Mayenne** (*Laval*), de la **Sarthe** (*Le Mans*), et du **Loir**.

4. — Elle reçoit à gauche : l'**Allier**, qui passe à *Moulins* ; le **Cher** ; l'**Indre**, riv. de *Châteauroux* ; la **Vienne**, qui passe à *Limoges* et reçoit la **Creuse**.

2e **Lecture**. — Les eaux boueuses de l'estuaire de la Gironde ont deux origines différentes : les unes viennent des Pyrénées, les autres du Massif Central.

Les *eaux pyrénéennes* glissent en pentes rapides. Les tributaires de *droite* subissent aussi de fortes crues causées par les averses brutales du Massif Central. Quant aux affluents de *gauche*, ils s'épuisent dans des terrains fissurés et sablonneux.

Plus abondante que la Loire, la Garonne ne se prêterait pas beaucoup mieux aux besoins de la batellerie ; mais elle alimente un canal latéral qui relie *Toulouse* à *Bordeaux*.

VERSANT DE LA MÉDITERRANÉE

1. Le Rhône. — Le **Rhône** (810 kilomètres) descend du *mont Saint-Gothard,* en Suisse, traverse le *lac de Genève* et pénètre en France. A *Lyon,* il se dirige vers le sud ; il arrose *Vienne, Valence, Avignon* et se jette dans la Méditerranée, enserrant dans ses deux grands bras l'île de la *Camargue.*

2. — Le Rhône est le plus abondant et le plus rapide de nos fleuves.

3. — Il reçoit à droite : l'**Ain**; la **Saône,** que grossit le **Doubs,** rivière de *Besançon* et qui arrose *Chalon, Mâcon* et *Lyon ;* l'**Ardèche ;** le **Gard.**

4. — Il reçoit à gauche : l'**Isère,** qui arrose *Grenoble ;* la **Drôme ;** la **Durance,** qui passe près d'Avignon.

5. Fleuves côtiers. — Les principaux sont :

1° A l'ouest du Rhône, l'**Hérault** et l'**Aude,** rivière de *Carcassonne ;*

2° A l'est du Rhône, le **Var.**

1re Lecture. — Le Rhône est formé de *torrents alpestres,* qui déferlent furieusement au moment de la fonte des neiges, et grossi de *torrents cévenols* qui se déchaînent dès que la pluie tombe.

Il a deux modérateurs naturels : le *lac de Genève,* où s'engouffrent les tributaires des Alpes de Suisse et de Savoie, et la *Saône,* sinueuse et calme rivière qui recueille les eaux venues du Jura, des monts Faucilles et de la Côte-d'Or. La Saône se gonfle pendant l'hiver, au moment où le niveau du fleuve commence à baisser.

Le Rhône est le plus abondant et le plus rapide de nos cours d'eau : son flot, en temps de crue, franchit 21 mètres par seconde devant les quais de Vienne. On le descend avec des précautions infinies, tant ses bancs de sable sont changeants ; on le remonte presque à vide à cause de la violence du courant dont il faut vaincre la résistance. Et il roule tant de galets et de boue liquide que le delta de la Camargue s'accroît d'un kilomètre carré chaque année.

2° Lecture. — Tous les affluents du Rhône, excepté la Saône, sont des torrents capricieux et redoutables. Les uns, comme l'Ardèche et le Gard, sont grossis par les pluies d'orage dans les Cévennes ; les autres, comme l'Isère, la Drôme et la Durance, roulent au fond de gorges sauvages les eaux noires et fangeuses des glaciers et des neiges fondues des Alpes. Pas un n'est navigable : souvent ils ont ravagé leurs vallées, et emporté dans leurs tourbillons les forêts, les terres, les ponts. Aujourd'hui la science des ingénieurs diminue le péril, en construisant des barrages, et en reboisant les montagnes.

Plusieurs de ces torrents ont versé sur le sol un limon fertile. Les industriels captent les eaux rapides de leurs cascades pour faire tourner les roues et les turbines des moulins, des scieries et des usines, et pour produire la force et la lumière électrique.

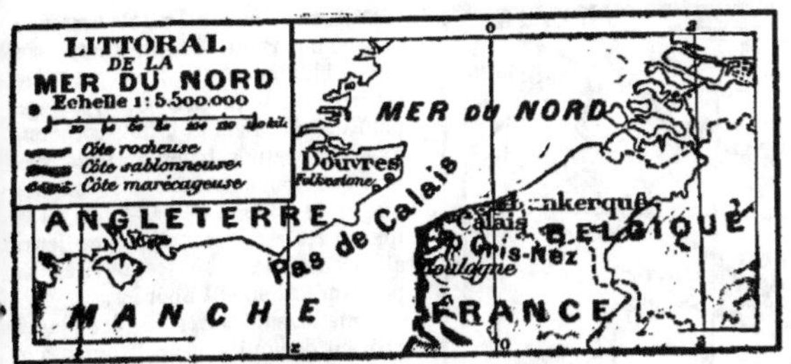

MERS ET CÔTES. — DÉFINITIONS

1. — Une **mer** est une vaste étendue d'eau salée : *mer du Nord, Manche*.

2. — On appelle **littoral**, **rivage** ou **côte** le contour d'une terre qui borde le *lit* de la mer.

3. — Les **dunes** sont des monticules ou des collines de sable sur la côte ; les **falaises** sont des rochers escarpés sur le bord de la mer.

4. — On appelle **cap** ou **pointe** une langue de terre qui s'avance dans la mer.

5. — Un **golfe** est une partie de mer qui s'avance dans les terres.

6. — Une **baie** est un petit golfe.

7. — Une **rade** est une baie peu ouverte où s'abritent les vaisseaux.

8. — Un **port** est un grand bassin creusé ou aménagé par la main des hommes pour recevoir des navires.

9. — Un **détroit** est un passage plus ou moins resserré entre deux terres et qui fait communiquer deux mers : *Pas de Calais*.

10. — Une **île** est une terre entourée d'eau de tous les côtés. Un groupe d'îles est un **archipel**.

11. — Une **presqu'île** est une terre dont tous les côtés, excepté un, sont baignés par la mer.

1re Lecture. — **Formation des rivages.** — Rien n'est immuable dans la nature, et les bords de la mer subissent de perpétuels changements. Certaines côtes s'élèvent ou s'abaissent sous l'action des forces souterraines. Mais la plupart sont remaniées par la mer elle-même. Quel travailleur puissant et capricieux ! Ses marées, ses courants, les flots déchaînés de ses tempêtes rongent peu à peu les roches les plus dures, et délayent la base friable des falaises : toute côte élevée recule graduellement.

Mais la mer rejette sur d'autres points les débris arrachés et broyés par ses eaux. Ce qui subsiste alors des anciens blocs de granit, ce sont des galets et des sables qui comblent certaines baies ou une vase molle qui s'accumule à l'embouchure des fleuves.

Soit qu'elle construise, soit qu'elle détruise, la mer est un ennemi toujours à redouter. Et l'homme ne défend contre la mer son patrimoine et sa vie même que par des prodiges de persévérance et de génie.

LITTORAL DE LA MER DU NORD

12. — Notre littoral sur la *mer du Nord* s'étend de la *frontière belge* au cap *Gris-Nez*. La côte est basse et bordée de dunes ; ses deux ports principaux sont **Dunkerque** et **Calais**.

13. Pas de Calais. — Le Pas de Calais est un détroit ou *passage* très large que la mer a creusé entre les falaises de la France et de l'Angleterre : sa largeur la plus faible est de 31 kilomètres.

2e Lecture. — Autrefois, la France était réunie à l'Angleterre, et le Pas de Calais n'existait pas. La mer a ouvert entre les deux pays un grand fossé qui n'a pas partout la même profondeur. Les vagues ont déposé au milieu du détroit des bancs de sable ou de marne, qui ne sont parfois couverts que de 2 ou 4 mètres d'eau. Les navires évitent avec soin ces parages dangereux où la mer est très mauvaise et déferle avec violence. Ils suivent les *chenaux* ou passes profondes de 30 à 40 mètres entre les bancs.

Chaque année, plus de deux cent mille bateaux à vapeur ou à voiles s'engagent dans le Pas de Calais. Entre les ports de Boulogne et de Calais et les ports anglais de Folkestone et de Douvres, 450000 passagers traversent le détroit.

Mer du Nord. — Les dunes, près de Dunkerque.

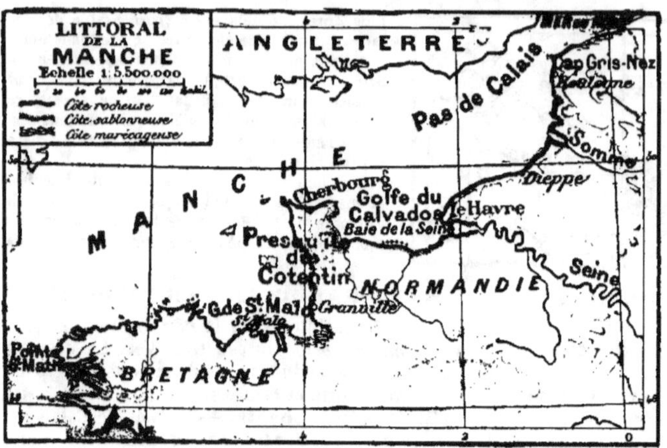

LITTORAL DE LA MANCHE

1. — La **Manche** communique avec la *mer du Nord* par le détroit du *Pas de Calais*; elle baigne notre littoral du cap *Gris-Nez* à la pointe *Saint-Mathieu*; elle y a creusé les golfes du *Calvados* et de *Saint-Malo*, séparés par la presqu'île du *Cotentin*.

2. — Près de la Somme et le long du Calvados, la côte est basse et sablonneuse ; ailleurs, elle se dresse en majestueuses falaises. En Bretagne, elle est très découpée et bordée de nombreux écueils.

3. — *Boulogne* et **le Havre** sont ses grands ports de commerce, *Dieppe* et *Saint-Malo* ses ports de pêche, et **Cherbourg** son port militaire.

1re Lecture. — La mer du Nord et la Manche. — La mer du Nord et la Manche forment deux entonnoirs qui se resserrent et se réunissent dans le détroit du Pas de Calais. Les vents et les flots qui s'engouffrent dans ces mers se rencontrent au milieu même du détroit, qui est souvent noyé de brouillards ou bouleversé par les ouragans.

Quoique les eaux soient peu profondes et les naufrages très fréquents, ces parages sont une pépinière d'excellents marins. Tout contribue à les former : le commerce très actif de la France avec l'Angleterre, la *pêche côtière* qui est très productive, et la *grande pêche* qui emploie chaque année plus de 10 000 marins. Ils mènent une rude vie, ces pauvres morutiers, sur les côtes de Terre-Neuve et de l'Islande, mais ce sont les meilleurs matelots de notre marine militaire.

2e Lecture. — La côte bretonne et la côte normande sont entièrement dissemblables. Autant la première est hérissée de falaises à pic, de caps pointus, d'écueils et d'îlots rocheux, avec des petites baies abritées, autant la seconde est bordée de longues plages de sable et de bas-fonds où la mer et les rivières ont déposé leurs alluvions, mais où les navires ne peuvent facilement aborder.

Mais les sables très fins des plages attirent des milliers de baigneurs et d'oisifs. A la place des dunes stériles et des pauvres champs des pêcheurs d'autrefois, on a bâti des villas, des chalets, des hôtels opulents, créé des jardins fleuris et des pelouses verdoyantes, et ce littoral désert est devenu une des régions les plus animées et les plus riches de la Normandie pendant la saison d'été.

3e Lecture. — La presqu'île du Cotentin s'avance dans la Manche au-devant de l'Angleterre, et sépare le golfe de Saint-Malo de la baie de la Seine. C'est un massif de granit, battu de tous côtés par les vents et les vagues, attaqué sans cesse par des courants terribles qui ont déchiqueté les falaises, et taillé dans le rivage des golfes, des caps eu nez d'un abord dangereux. Au nord du Cotentin, on a construit dans la mer une digue colossale, derrière laquelle s'ouvre la rade de Cherbourg capable d'abriter contre la tempête notre flotte de guerre, et de préserver le littoral français d'une invasion étrangère. Les travaux de la digue et du port, commencés en 1780 et achevés en 1860, ont coûté à la France près de 250 millions de francs.

Manche. — Le roc de Granville.

LITTORAL DE L'OCÉAN ATLANTIQUE

1. — Le littoral de l'**océan Atlantique** se divise en trois parties.

2. — 1° En Bretagne, la côte est formée de hautes falaises très découpées ; les îles et les récifs en rendent l'accès difficile.

3. — 2° Entre la Loire et la Gironde, c'est la région des *marais salants*.

4. — 3° Au sud de la Gironde, la côte s'allonge en ligne droite ; un bourrelet de dunes arrête les eaux de l'intérieur qui s'amassent dans un chapelet d'étangs.

5. — Le littoral de l'Atlantique a pour ports principaux : **Saint-Nazaire, Nantes,** *la Rochelle* et **Bordeaux ; Brest, Lorient** et **Rochefort** sont ses ports militaires.

1re Lecture. — La côte française de l'Océan est encore plus mal exposée que celle de la Manche. Les tempêtes, qui ont librement balayé l'Atlantique, s'acharnent sur les premiers obstacles qu'elles rencontrent. Toutes les plages du centre ont été envahies par les eaux ou par les sables que la houle chassait vers l'intérieur des terres. Quant aux parties rocheuses, elles ont causé la perte de tant de vaisseaux que toute une population de « naufrageurs » a vécu pendant des siècles en pillant des épaves.

L'homme a fini par triompher : il a desséché les « marais », fixé les landes par des plantations de pins, allumé des phares sur tous les points dangereux et fondé des ports dans les estuaires. Bordeaux, si actif, situé à 100 kilomètres de l'Océan, est obligé de lutter sans cesse contre l'envasement de la Gironde.

2e Lecture. — Le long de cette côte trop peu hospitalière la mer a modelé ou respecté plusieurs îles très précieuses pour les navigateurs. La plupart portent les plus beaux phares de France ; les uns construits en fer, les autres en pierre très dure, élèvent à une grande hauteur au-dessus des flots les feux éclatants et rayonnants de leurs lanternes, et éclairent au loin les navires secoués par les vagues et par la tempête. Ils guident leur marche dans les ténèbres, et les empêchent de s'échouer ou de se briser sur les écueils.

Les plus grandes de ces îles, *Noirmoutier, Ré, Oleron,* possèdent des coins de terres fertiles et bien cultivés. Elles sont habitées par des pêcheurs intrépides. Les îles de Ré et d'Oleron, qui font face au port militaire de Rochefort et à la Charente, contribuent aussi à la défense navale de la France.

Océan Atlantique. — *Les tas de pois, presqu'île de Crozon.*

LITTORAL DE LA MÉDITERRANÉE

1. — Notre littoral sur la **Méditerranée** s'étend du cap *Cerbère* à *Menton*. Le cap *Couronne* le divise en deux courbes absolument différentes.

2. — La première section est une courbe rentrante qui enveloppe le golfe du *Lion*. Partout, sauf au pied des Pyrénées, la côte est basse, couverte d'étangs malsains et peu accessible aux navires ; elle n'a que deux ports : **Port-Vendres et Cette**.

3. — La seconde section est une courbe saillante. Ses rochers élevés et très découpés abritent **Marseille**, notre premier port marchand ; **Toulon**, notre premier port militaire, et *Nice*, délicieuse station d'hiver.

4. — Les îles d'*Hyères* sont voisines de la côte ; la **Corse** en est distante de 160 kilomètres.

1ʳᵉ Lecture. — Le golfe du Lion, demi-cercle parfait, semble avoir été dessiné au compas. Ainsi l'ont façonné les torrents cévénols qui précipitent leurs limons dans la mer et le courant marin qui rejette ces limons vers le continent. Un bourrelet continu de sable a fermé toutes les anciennes baies, qui forment aujourd'hui une longue rangée d'étangs. Mais on fuit cette côte mal abritée, fiévreuse et brûlée du soleil.

Quel contraste quand on voit la côte provençale taillée à pic dans la roche vive ! Ses caps qui surgissent au-dessus des flots, ses golfes profonds, ses criques finement sculptées, son climat sans hiver, sa végétation africaine et la magie de son ciel bleu, tout attire vers ce rivage enchanté.

Marseille, notre premier port, fait la cinquième partie de notre commerce maritime ; *Nice*, *Antibes* et *Cannes* sont les stations d'hiver préférées par des milliers de riches oisifs et de malades venus de toutes les parties du monde.

2ᵉ Lecture. — L'île de Corse, devenue française en 1768, apparaît aux navigateurs comme un énorme massif de montagnes verdoyantes. La plus haute cime, le mont *Cinto*, dépasse 2 700 mètres. Les pentes sont revêtues de belles forêts de pins, de chênes, de châtaigniers, entremêlées de taillis et de fourrés épais qu'on appelle *maquis*. Les torrents, qui descendent de ces montagnes où la neige et les pluies tombent l'hiver, ne sont pas réglés, et ils forment sur la côte de l'est une zone de marais pestilentiels. Mais la côte occidentale est toute frangée de golfes et de promontoires ; elle ouvre ses ports aux navires, et la beauté de son ciel en fait un séjour délicieux.

3ᵉ Lecture. — Le long du rivage de la Provence, une chaîne de petites îles, voisine du continent, jouit d'un ciel pur et d'un climat très doux. Elle se compose de deux archipels distincts. L'un, situé en face de la magnifique baie d'Hyères, porte le même nom qu'elle. Les quatre îles d'**Hyères**, surnommées les *îles d'Or*, sont peu peuplées et peu visitées, malgré le charme de leurs vallons boisés. Elles ont longtemps servi et servent encore à la défense militaire.

L'autre archipel, dit de **Lérins**, en face de la baie de Cannes, compte deux îles revêtues de pins maritimes : l'une, *Sainte-Marguerite*, porte sur un rocher un château fort qui est une prison fameuse ; l'autre, *Saint-Honorat*, montre les restes imposants d'une vieille abbaye.

Méditerranée. — La baie de Garavent, à Menton.

LE CLIMAT

1. — **Le climat** d'un pays comprend deux éléments : la *température* et le degré *d'humidité* de l'air.

2. — La température varie suivant la *latitude* et l'*altitude* des lieux, l'*inclinaison du sol*, la *direction des vents* et la *distance de la mer*.

3. — L'influence que la mer exerce sur la température et sur l'humidité est telle, que l'on a divisé les climats en climats **maritimes** et en climats **continentaux**.

4. — En France, quatre régions jouissent d'un climat maritime : 1° la **région bretonne**, humide et douce ; 2° la **région séquanienne**, bien arrosée, mais à température moins égale ; 3° la **région girondine**, aux printemps pluvieux et aux étés secs ; 4° la **région méditerranéenne**, la plus chaude et la plus sèche de toutes.

5. — Trois autres régions ont un climat **continental** ; les écarts entre la température de l'été et celle de l'hiver y sont beaucoup plus considérables. Ce sont : 1° la **région du Massif Central**, aux hivers glacials, aux pluies et aux neiges abondantes ;

2° la **région vosgienne**, très rude en hiver, très chaude en été ; 3° la **région rhodanienne**, très chaude l'été, rigoureuse l'hiver, surtout dans les montagnes.

Lecture. — **Le climat.** — La France est trop étendue et son relief trop varié pour qu'elle ait partout le même climat. Le midi est plus chaud que le nord, car il est plus près de l'équateur et reçoit plus verticalement les rayons du soleil.

Dans les hautes régions du Massif Central, des Pyrénées et des Alpes, la température est moins élevée que dans les plaines environnantes. Plus on s'élève dans les airs, plus la chaleur diminue. Près de l'équateur, n'y a-t-il pas des montagnes couvertes de neiges perpétuelles ?

Les pentes inclinées vers le midi, comme le versant espagnol des Pyrénées, sont beaucoup plus chaudes que celles qui sont tournées vers le nord, car elles sont frappées plus directement par les rayons solaires.

Les vents influent également sur le climat. Selon qu'ils viennent du nord ou du midi, de l'est ou de l'ouest, ils apportent avec eux le froid ou la chaleur, la sécheresse ou l'humidité.

Mais aucune influence n'est comparable à celle de la mer, qui rend à la fois le climat plus humide et plus régulier. Les vapeurs qui s'échappent de l'Océan sont poussées par le vent vers les collines ou les montagnes du continent : elles s'y arrêtent et tombent en gouttes de pluie ou en flocons de neige. Elles forment ainsi les sources, les ruisseaux et les rivières qui descendent dans la plaine, et reviennent à la mer.

Les eaux de la mer conservent leur chaleur plus longtemps que les terres du continent. Les brises de la mer adoucissent la température, et les pays qui touchent à l'Océan sont des pays de climat tempéré. La France est un de ces pays privilégiés.

Toute eau vient de l'Océan par l'intermédiaire des nuages.

QUESTIONNAIRE. — Nommez les départements baignés par la mer du Nord et par la Manche. — Quels sont les départements baignés par l'Atlantique? — Nommez les départements baignés par la Méditerranée.

Nommez les départements limitrophes de l'Italie, de la Suisse, de l'Allemagne et de la Belgique. — Quels sont les départements de la France qui touchent à l'Espagne.

Nommez les départements arrosés par la Meuse et ceux arrosés par l'Escaut. — Quels sont les départements traversés par la Seine? — Citez les départements arrosés par la Loire — ceux arrosés par la Garonne.

Nommez les départements arrosés par le Rhône. — Quels sont les départements arrosés par les affluents de droite de la Seine? — par les affluents de gauche de la Loire? — par les affluents de droite de la Garonne? — par les affluents de gauche du Rhône?

SOMMAIRE. — Comment la France est-elle divisée?

LECTURE. — Comment la France était-elle divisée en 1789? — Quels sont les avantages de la nouvelle division?

GÉOGRAPHIE POLITIQUE

ANCIENNES PROVINCES	DÉPARTEMENTS	CHEFS-LIEUX
NORD		
Flandre	NORD	Lille.
Artois	PAS-DE-CALAIS	Arras.
Picardie	SOMME	Amiens.
Normandie	SEINE-INFÉRIEURᵉ	Rouen.
	EURE	Evreux.
	CALVADOS	Caen.
	ORNE	Alençon.
	MANCHE	Saint-Lô.
Ile-de-France	AISNE	Laon.
	OISE	Beauvais.
	SEINE-ET-OISE	Versailles.
	SEINE	Paris.
	SEINE-ET-MARNE	Melun.
Champagne	ARDENNES	Mézières.
	MARNE	Châlons-sur Marne.
	AUBE	Troyes.
	HAUTE-MARNE	Chaumont.
OUEST		
Bretagne	FINISTÈRE	Quimper.
	CÔTES-DU-NORD	Saint-Brieuc.
	MORBIHAN	Vannes.
	ILLE-ET-VILAINE	Rennes.
	LOIRE-INFÉRIEURᵉ	Nantes.
Maine	SARTHE	Le Mans.
	MAYENNE	Laval.
Anjou	MAINE-ET-LOIRE	Angers.
	VIENNE	Poitiers.
Poitou	DEUX-SÈVRES	Niort.
	VENDÉE	La Roche-sur-Yon.
Aunis, Saintonge	CHARENTE-INFérieure	La Rochelle.
Angoumois	CHARENTE	Angoulême.
SUD		
Guyenne et Gascogne	GIRONDE	Bordeaux.
	DORDOGNE	Périgueux.
	LOT	Cahors.
	AVEYRON	Rodez.
	TARN-et-GARONNE	Montauban.
	LOT-ET-GARONNE	Agen.
	LANDES	Mont-de-Marsan.
	GERS	Auch.
	HAUTᵉˢ-PYRÉNÉES	Tarbes.
Béarn	BASSES-PYRÉNÉES	Pau.
Comté de Foix	ARIÈGE	Foix.
Roussillon	PYRÉNÉES-ORientales	Perpignan.
Languedoc	HAUTE-LOIRE	Le Puy.
	LOZÈRE	Mende.

ANCIENNES PROVINCES	DÉPARTEMENTS	CHEFS-LIEUX
Languedoc	ARDÈCHE	Privas.
	GARD	Nîmes.
	HÉRAULT	Montpellier.
	TARN	Albi.
	AUDE	Carcassonne.
	HAUTE-GARONNE	Toulouse.
Comtat-Venaissin	VAUCLUSE	Avignon.
Provence	BASSES-ALPES	Digne
	VAR	Draguignan.
	BOUCHES-du-RHÔNE	Marseille.
Comté de Nice	ALPES-MARITIMES	Nice.
Corse	CORSE	Ajaccio.
EST		
Lorraine	MEUSE	Bar-le-Duc.
	MEURTHE-et-MOSELˡᵉ	Nancy.
	MOSELLE	Metz.
	VOSGES	Epinal.
Alsace	BAS-RHIN	Strasbourg.
	HAUT-RHIN	Colmar.
	Territoire de BELFORT	Belfort.
Franche-Comté	HAUTE-SAÔNE	Vesoul.
	DOUBS	Besançon.
	JURA	Lons-le-Saunier.
Bourgogne	YONNE	Auxerre.
	CÔTE-D'OR	Dijon.
	SAÔNE-ET-LOIRE	Mâcon.
	AIN	Bourg.
Lyonnais	RHÔNE	Lyon.
	LOIRE	Saint-Etienne.
Dauphiné	ISÈRE	Grenoble.
	DRÔME	Valence.
	HAUTES-ALPES	Gap.
Savoie	HAUTE-SAVOIE	Annecy.
	SAVOIE	Chambéry.
CENTRE		
Orléanais	EURE-ET-LOIR	Chartres.
	LOIRET	Orléans.
	LOIR-ET-CHER	Blois.
Touraine	INDRE-ET-LOIRE	Tours.
Berri	CHER	Bourges.
	INDRE	Châteauroux.
Nivernais	NIÈVRE	Nevers.
Bourbonnais	ALLIER	Moulins.
Marche	CREUSE	Guéret.
Limousin	HAUTE-VIENNE	Limoges.
	CORRÈZE	Tulle.
Auvergne	PUY-DE-DÔME	Clermont-Ferrand
	CANTAL	Aurillac.

Divisions administratives. — Avant la Révolution, la France comprenait 32 **gouvernements**. Depuis la reprise de l'Alsace et de la Lorraine, elle comprend 89 **départements** et un **territoire**, Belfort.

Lecture. — En 1789, la France était divisée en *provinces*. Ces provinces n'avaient ni les mêmes impôts ni les mêmes lois; c'étaient, pour ainsi dire, des pays différents.

L'Assemblée constituante, le 15 janvier 1790, a organisé le pays sur un plan nouveau. Elle l'a divisé en *départements* à peu près de même grandeur, administrés de la même façon et soumis aux mêmes obligations. Ces départements se subdivisent en *arrondissements*, en *cantons* et en *communes*.

Grâce à cette nouvelle division, les différences provinciales se sont effacées, et l'unité de notre pays est devenue absolue.

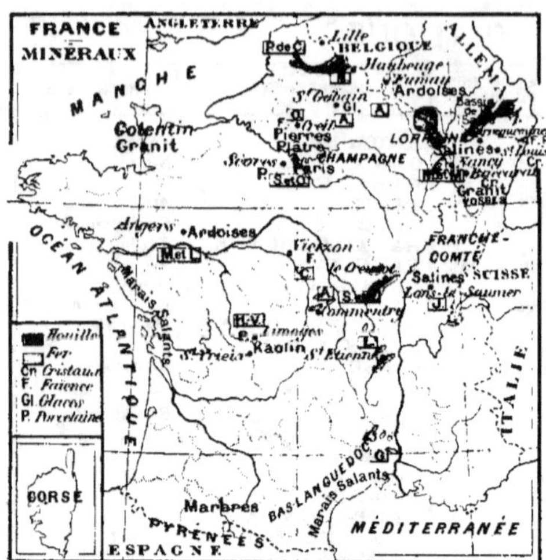

GÉOGRAPHIE ÉCONOMIQUE

1. — La **géographie économique** étudie les *produits du sol*, l'*industrie* qui les transforme et le *commerce* qui les transporte et les échange.

MINÉRAUX

2. La houille. — La houille est la plus précieuse des richesses minérales. La France en extrait 34 millions de tonnes, les trois quarts de sa consommation.

3. — Les principaux bassins houillers sont ceux de la *Sarre*, du *Nord* et du *Pas-de-Calais*, du *Gard*, de la *Loire* et de *Saône-et-Loire*.

1re Lecture. — **La houille.** — Depuis que la vapeur fait mouvoir les machines, le feu, qui produit la vapeur, a pris le premier rang dans la vie du monde. Non seulement il sert au chauffage et à l'éclairage, mais il remplace les ouvriers dans toutes les industries, les rameurs dans la marine et les chevaux dans les transports.

Mais, sans la houille, toutes les forêts du monde seraient brûlées en peu d'années pour alimenter les hauts fourneaux, les locomotives et les machines des paquebots.

Qu'est-ce que la houille? C'est la forêt fossile ; c'est l'amas des tiges et des feuilles provenant des forêts primitives et conservé dans les entrailles de la terre.

La France, malheureusement, n'a pas assez de houille ; et ses mines, trop profondes, coûtent cher à exploiter.

4. Le fer. — La France possède le **fer** en assez grande abondance. Les principaux gisements sont dans la *Lorraine*.

5. Industrie métallurgique. — L'industrie métallurgique s'est naturellement développée dans les régions qui produisent le fer et la houille.

Les principaux centres de cette industrie sont : *le Creusot, Saint-Etienne, Lille, Maubeuge.*

2e Lecture. — Le minerai de fer se transforme par des opérations successives en fonte, en fer et en acier. Chacune de ces opérations absorbe une grande quantité de houille. Ce fait capital explique la grandeur ou la décadence de certains centres métallurgiques.

Si la houille fait défaut, l'industrie décline. C'est le cas de la Champagne et de la Franche-Comté. La Lorraine fait exception grâce au voisinage du bassin de la Sarre.

Si le minerai manque, l'industrie peut se maintenir, comme dans le Nord où affluent les minerais belges et espagnols, apportés par la mer et par les canaux.

Si la houille et les minerais se trouvent dans les mêmes lieux, l'industrie prend tout son essor, comme à *Saint-Etienne* et au *Creusot*, où elle est merveilleusement active.

6. Carrières. — Les carrières fournissent surtout des matériaux de construction : **granits** du *Cotentin* et des *Vosges* ; **marbres** des *Pyrénées* ; **ardoises** d'*Angers* et de *Fumay* ; **pierres**, **plâtre** du *bassin de Paris* ; **kaolin** de *Saint-Yrieix*.

7. Industries correspondantes. — Le *sable*, mélangé à d'autres substances minérales, alimente les **verreries** installées dans les bassins houillers, les **cristalleries** de *Baccarat* et de *Saint-Louis* ; les **fabriques de glaces** de *Saint-Gobain*. L'*argile* est tranformée en **faïence** à *Sarreguemines*, à *Creil* et à *Vierzon* ; le *kaolin*, en **porcelaine** à *Limoges*, à *Sèvres* et à *Sarreguemines*.

8. Le sel. — Le **sel**, très abondant en France, se tire des **marais salants**, sur les plages de l'*Océan* et du *Bas-Languedoc*, et des **salines** de la *Lorraine* et des environs de *Lons-le-Saunier*.

3e Lecture. — **Marais salants.** — Les côtes basses de l'Océan et de la Méditerranée offrent un curieux aspect, celui de damiers liquides dont les compartiments sont isolés les uns des autres par d'étroites chaussées. Ces compartiments sont des bassins ou œillets dans lesquels l'eau de mer s'évapore sous la double action du soleil et des vents. Sur les chaussées s'alignent les monticules blanchâtres de sel marin que les *paludiers* ramassent avec leurs grands râteaux de bois plein.

AGRICULTURE

1. — La France est un pays essentiellement agricole : la fertilité de son sol et la diversité de son climat et de son relief lui permettent de cultiver avec succès un grand nombre de végétaux utiles.

2. Plantes alimentaires. — Les principales plantes alimentaires sont les **céréales** et la **pomme de terre.**

3. — La première céréale est le **blé**, cultivé surtout dans les plaines fertiles de la *Flandre*, de l'*Ile-de-France*, de la *Beauce* et du *Languedoc*.

L'avoine réussit dans le *Nord* et le *Nord-Est*; le **seigle** se contente des terrains maigres de la *Champagne*, de la *Bretagne* et du *Massif Central*. Le **maïs** a besoin de chaleur; il est cultivé dans le *Sud-Ouest* et en *Bourgogne*.

4. — La **pomme de terre** est cultivée partout.

5. Vigne. — Le sol et le climat de la France se prêtent à merveille, dans l'*Est*, le *Midi* et l'*Ouest*, à la culture de la **vigne.**

6. — Le *Bordelais*, la *Bourgogne* et la *Champagne* produisent des vins sans rivaux. Les crus du *Bas-Languedoc* et du *Roussillon* sont plus abondants, mais généralement plus communs.

7. — Les vins de la *Charente* fournissent le cognac et la *fine champagne*.

8. Arbres fruitiers. — Les **pommiers à cidre** sont surtout cultivés dans la *Normandie* et la *Bretagne ;* les **pruniers** dans la *Guyenne ;* les **abricotiers** et les **pêchers** dans la *Provence*, le *Languedoc* et la *Limagne ;* les **noyers** dans l'*Est* et le *Centre;* les **châtaigniers** dans le *Massif Central ;* le **figuier** et l'**oranger** dans la *région méditerranéenne.*

1re Lecture. — En dépit des fléaux qui se sont abattus sur ses vignes, la France est toujours restée le premier pays du monde pour la production des *vins*. Non seulement ses vins ordinaires suffisent à la consommation générale ; mais ses « grands crus » font les délices des gourmets dans le monde entier.

Il devrait en être de même pour les fruits, qui trouvent sur notre sol et sous notre ciel des conditions de culture excellentes. Déjà les grands producteurs expédient à l'étranger d'énormes quantités de poires, de pêches, de pommes à cidre et de fruits confits. Mais les petits cultivateurs récoltent par leur faute des fruits médiocres : ils ne s'inquiètent ni de bien exposer leurs plants, ni d'approprier les espèces aux terrains, ni de perfectionner les greffages. Et ils se privent ainsi de bénéfices qui compenseraient parfois les pertes subies par d'autres cultures.

9. Forêts. — Les **forêts** ne couvrent plus que le sixième de notre territoire.

Les régions les plus boisées sont la *Lorraine* et les *Vosges*, le *Jura* et les *Alpes;* mais c'est dans la région des plaines que sont nos plus grandes forêts : celles d'*Orléans*, des *Landes* et de *Compiègne*.

2e Lecture. — Forêts. — Du vaste manteau de forêts qui recouvrait la Gaule, il ne subsiste que des lambeaux. Le reste a été détruit par la guerre, par la foudre du ciel et surtout par l'homme toujours en quête de nouveaux pâturages et de nouveaux champs.

Le déboisement est une opération avantageuse quand il fait place à de riches cultures : nos meilleures terres à blé n'ont pas d'autre origine. Mais il en est autrement dans la montagne, où nos arbres rendent de si grands services : s'ils disparaissent, rien n'arrête plus les avalanches et l'éboulement des roches, et la terre végétale est balayée par la pluie, par la neige et par le flot des torrents. Déboiser des montagnes, c'est créer des déserts.

Très sagement, l'État s'oppose à ces dévastations ; il replante à grands frais certains cantons abandonnés. Et lui-même est propriétaire de forêts magnifiques qui, grâce à une savante exploitation, sont les plus riches de toutes en bois de charpente, de menuiserie et de chauffage.

AGRICULTURE (suite).

1. Plantes industrielles. — Les plantes *industrielles* sont celles qui fournissent des matières premières à l'industrie.

2. La **betterave** occupe dans le *Nord* des étendues dix fois plus considérables qu'il y a trente ans.

3. — Le **houblon** est surtout cultivé dans le *Nord* et le *Nord-Est*, où l'on consomme la bière.

4. — La culture du **tabac** se fait sous le contrôle de l'Etat ; elle est autorisée dans 22 départements.

5. Plantes oléagineuses. — Les champs de **colza** et d'**œillette**, si nombreux autrefois dans le *Nord* et le *Nord-Ouest*, deviennent de plus en plus rares. L'**olivier** prospère dans la *région méditerranéenne*.

6. Plantes textiles. — La culture du **chanvre** a pour centres principaux le *Maine* et l'*Anjou*, et celle du **lin**, la *Flandre*, la *Bretagne* et la *Guyenne*. L'une et l'autre ne cessent de décroître.

1ʳᵉ Lecture. — L'agriculteur avisé tire le meilleur parti possible de son temps, de sa peine et de son champ. Il profite de tous les progrès, et parfois le progrès consiste à supprimer des cultures qui ne donnent plus de bénéfices.

Au temps où les communications étaient difficiles et les transports coûteux, on fabriquait des vins même dans les lieux humides et froids où le raisin mûrissait difficilement. On se procure aujourd'hui dans ces mêmes lieux un bon vin à bon marché. Et l'on a renoncé à en faire du mauvais.

La Russie et la Hollande nous expédient leurs filasses de chanvre et de lin, l'Inde ses jutes, l'Afrique occidentale ses graines d'arachides. Et nos cultivateurs ont restreint l'espace qu'ils réservaient au lin, au chanvre et à l'œillette.

Les chimistes savent extraire de la houille toutes sortes de teintures. Et l'on cesse de cultiver la garance.

7. Prairies. — Nos meilleures **prairies naturelles** appartiennent aux provinces que baignent l'*Océan* et la *Manche* et aux versants abondamment arrosés du *Massif Central*, des *Vosges* et du *Jura*.

8. — Les **prairies artificielles**, rares dans le *Midi*, occupent une place importante dans les plaines humides du *Nord* et de l'*Ouest*.

9. Animaux domestiques. — La France élève en grande quantité les animaux domestiques.

10. — Les herbages du *littoral*, du *Centre* et de l'*Est* nourrissent d'excellentes **vaches laitières et des bœufs** estimés pour le trait et la boucherie.

11. — Le *Perche*, le *Boulonnais*, le *Cotentin* et le pays de *Tarbes* élèvent de beaux **chevaux** ; le *Poitou* et la *Gascogne*, des **ânes** et des **mulets** renommés.

12. — Les **moutons** vivent en grands troupeaux dans la *Champagne*, le *Berri*, les *Causses* et les *Landes* ; les **chèvres** peuplent les *régions montagneuses* et pauvres. Les **porcs** sont élevés partout.

13. — Le *Maine* et la *Bresse* engraissent de la **volaille** très renommée ; le **ver à soie** ne peut prospérer que dans la *vallée du Rhône*.

2ᵉ Lecture. — L'élevage des animaux domestiques se pratique au moyen des pâturages, des prairies naturelles et des prairies artificielles.

On nomme *pâturage* la partie des plateaux que l'homme ne cultive pas. Les animaux qu'on y conduit passent en plein air quatre ou cinq mois de suite et paissent en liberté une herbe peu abondante mais savoureuse. Leurs gardiens se réfugient la nuit dans de grossières cabanes (*chalets* ou *burons*) : leur occupation est la confection des fromages.

Les *prairies naturelles* ont une valeur beaucoup plus grande ; ce sont de vastes terrains qui s'étalent dans les régions humides et qu'on irrigue au moyen de fossés ou de rigoles. Ces prairies, fauchées deux fois l'an, fournissent le *foin* et le *regain*.

Les *prairies artificielles* sont de véritables champs. On y sème du sainfoin, du trèfle ou de la luzerne, plantes recherchées par les animaux.

QUESTIONNAIRE. — **1ᵉʳ SOMMAIRE**. — 1. Qu'appelle-t-on plantes industrielles ? — 2, 3. Où cultive-t-on la betterave et le houblon ? — 4. Que dit-on de la culture du tabac ? — 5. Que dit-on des plantes oléagineuses ? — 6. Où cultive-t-on le lin ? — le chanvre ?
1ʳᵉ Lecture. — La France produit-elle assez de plantes industrielles ?

2ᵉ SOMMAIRE. — 7, 8. Où sont nos meilleures prairies naturelles, nos prairies artificielles ? — 9. Qu'élève la France en grande quantité ? — 10, 11, 12. Où élève-t-on nos meilleures races d'animaux domestiques ? — 13. Où engraisse-t-on de la volaille ? Où élève-t-on le ver à soie ?
2ᵉ Lecture. — Comment pratique-t-on l'élevage des animaux ?

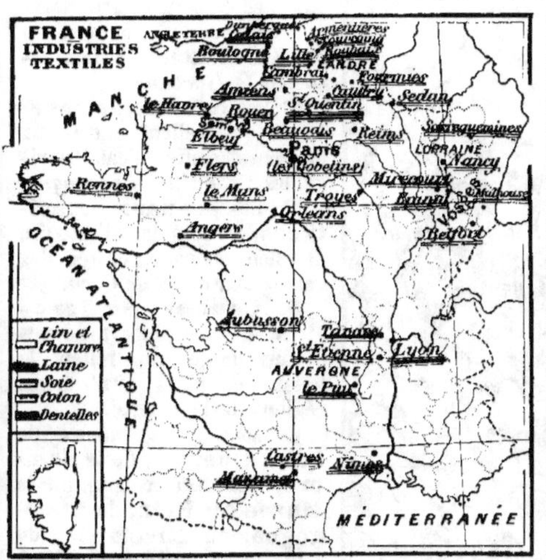

INDUSTRIES TEXTILES

1. Industrie du lin et du chanvre. — Le **lin** est surtout travaillé dans le *Nord*. *Lille* fabrique du **fil à coudre**, *Armentières* et *Boulogne*, des **toiles**, et *Cambrai*, de la **batiste**.

Le **chanvre** et le **jute** sont mis en œuvre dans l'*Ouest*. *Le Mans* et *Rennes* produisent des **toiles fortes**; *Angers* et *le Havre* fabriquent des **voiles** et des **cordages**.

2. Industrie de la laine. — La France a de tout temps filé et tissé la laine.

Déjà célèbre en *Flandre* au moyen âge, l'industrie des **lainages** a pris un grand développement dans la *région du Nord*.

3. — *Fourmies* file la laine; *Roubaix* en fait des **draps** et des **nouveautés**, et *Tourcoing*, des **tapis** et des **tissus d'ameublement**.

4. — *Saint-Quentin* fabrique des **tissus légers**; *Reims*, des **mérinos** et des **flanelles**; *Sedan* et *Elbeuf*, **des draps fins**; *Beauvais* et les *Gobelins*, de superbes **tapisseries**.

5. — Le travail de la laine s'étend à d'autres régions : *Orléans* fabrique des **couvertures**; *Aubusson* et *Nîmes*, des **tapis**; *Castres* et *Mazamet*, des **draps** pour la troupe.

6. Industrie de la soie. — Les départements arrosés par le *Rhône* préparent la **soie grège**. *Lyon* est la première ville du monde pour les **soieries**; *Saint-Étienne* fabrique des rubans. En *Lorraine*, *Sarreguemines* fabrique des **peluches** et des **velours**.

7. Industrie du coton. — Le **coton** est tantôt employé seul, tantôt mélangé à d'autres textiles.

8. — *Rouen* produit des **indiennes** et des **percales**. *Lille* fabrique des **fils**; *Roubaix* et *Saint-Quentin*, des **tissus à bon marché**; *Amiens*, des **velours**, et *Flers*, des **coutils**.

9. — Dans l'*Est*, *Mulhouse* est le grand centre pour les **fils** et les **tissus**; *Belfort*, *Nancy* et *Épinal* fabriquent des **cotonnades**, et *Troyes*, de la **bonneterie**.

10. Dentelles. — Les dentelles à la main ne se fabriquent presque plus : on préfère, à cause du bon marché, les dentelles faites à la mécanique à *Calais*, à *Caudry* (Nord), à *Saint-Quentin*, à *Tarare* et à *Lyon*.

Mirecourt est le centre des dentelles des Vosges, et *le Puy*, de celles de l'Auvergne.

Lecture. — Les industries textiles ont subi une complète transformation. Jadis chaque ville avait de nombreux artisans, foulons, cardeurs de laine, fileurs et tisserands, qui travaillaient à domicile pour le compte d'un patron.

Dès que les machines à vapeur ont paru, la plupart des métiers à la main ont cessé de battre, une foule de petites fabriques ont fermé leurs portes, et la grande industrie s'est concentrée dans les régions favorables à son développement.

La grande industrie a besoin de trouver dans les mêmes lieux la matière première, la force motrice et des ouvriers d'élite. Certaines villes qui réunissaient ces conditions ont pris un magnifique essor. Telles sont *Lyon*, situé au milieu des magnaneries et près des mines de Saint-Étienne; *Rouen*, qui reçoit par la baie de la Seine les cotons de l'Amérique et les houilles de l'Angleterre; *Lille*, *Roubaix* et *Tourcoing*, alimentés par les charbonnages français et belges, et pourvus de laines brutes par le port de Dunkerque; *Reims*, qui touche aux prairies champenoises, et enfin les localités qui entourent *Épinal* et qui utilisent les chutes d'eau des Vosges.

Chaque industrie textile a trouvé dans ces villes la capitale qui lui convient, et elle s'y est développée grâce à l'habileté professionnelle qui se transmet de père en fils comme un héritage de famille.

Mais il ne faut pas croire que les industries textiles existent isolément; elles s'attirent entre elles. On en a la preuve en étudiant de près chacun des centres importants, surtout la région flamande dont la spécialité est de tout produire, les soieries comme les draps, les tapis de luxe comme les toiles grossières, et la fine batiste comme les sacs de jute.

QUESTIONNAIRE. — SOMMAIRE. — 1. Quels sont les centres de l'industrie du lin et du chanvre? — 2. Où l'industrie des lainages s'est-elle développée? — 3. Nommez les centres de cette industrie dans le Nord. — 4. Nommez ceux des départements voisins. — 5. Nommez ceux des autres régions. — 6. Où prépare-t-on la soie grège? Que fabrique-t-on à Lyon, à Saint-Étienne et à Sarreguemines? — 7. Comment emploie-t-on le coton? — 8. 9. Nommez les centres de l'industrie du coton dans le Nord-Ouest et dans l'Est. — 10. Où fait-on des dentelles?

LECTURE. — Comment les industries textiles se sont-elles transformées? — Citez les villes industrielles qui se sont le plus développées. — Pourquoi?

1° **Les canaux latéraux,** qui longent les cours d'eau naturels défectueux : *canal latéral à la Garonne.*

2° **Les canaux de jonction,** qui relient entre eux plusieurs cours d'eau navigables : *canal de Bourgogne.*

3° **Les canaux maritimes,** creusés dans l'estuaire des fleuves, pour l'entrée des vaisseaux : *canal de Caen.*

5. Canaux de jonction. — La plupart de nos canaux de jonction relient le bassin de Paris aux autres régions de la France.

Ce sont : les canaux de **Saint-Quentin,** de la **Sambre,** des **Ardennes,** de la **Marne au Rhin,** de **Bourgogne,** du **Nivernais,** du **Loing,** de **Briare** et d'**Orléans.**

D'autres relient le Rhône aux fleuves qui se jettent dans l'Océan, dans la Manche et dans la mer du Nord. Ce sont : les canaux du **Midi,** du **Centre,** de l'**Est** et du **Rhône au Rhin.**

6. — A ces canaux, il faut ajouter ceux du **Berri,** de **Nantes à Brest,** d'**Ille et Rance,** et de la **Flandre.**

VOIES DE COMMUNICATION

1. — Les principales **voies de communication** sont les **routes,** les **cours d'eau navigables,** les **canaux,** les **chemins de fer** et la **mer.**

2. Routes. — Les **routes** comprennent : 1° les **routes nationales,** construites et entretenues par l'*État ;* 2° les **routes départementales,** qui sont à la charge des *départements ;* 3° les **chemins vicinaux,** construits aux frais des *communes* qu'ils desservent.

3. Canaux. — Un **canal** est une rivière creusée par la main des hommes.

4. — Il y a trois sortes de canaux :

Lecture. — **Canaux.** — Les transports par eau sont lents ; mais ils coûtent peu : un bateau ordinaire renferme deux cents chariots de marchandises. Et, pour mettre en mouvement cette énorme masse, il suffit de trois hommes et d'une paire de chevaux.

Il y a donc une économie très sérieuse à réaliser en utilisant les voies navigables pour les produits pesants comme la pierre, le sable, la houille, la betterave et le blé. L'État a creusé de nombreux canaux et renoncé à percevoir des droits. Grâce à cette mesure si généreuse, le tonnage de la navigation intérieure a doublé.

Par malheur, le système de nos canaux est incomplet : Marseille devrait être en communication directe avec Dunkerque, avec Nantes et avec Bordeaux.

QUESTIONNAIRE. — SOMMAIRE. — 1. Quelles sont les principales voies de communication? — 2. Nommez les différentes sortes de routes. — 3. Qu'est-ce qu'un canal? — 4. Combien y a-t-il de sortes de canaux? À quoi servent ces différents canaux? — 5. Que relient la plupart de nos canaux de jonction? Nommez ceux qui relient le Rhône aux fleuves de l'Océan. — 6. Quels sont les autres canaux importants?

LECTURE. — Quel est le principal inconvénient et le principal avantage du transport par eau? — Que transporte-t-on par eau? — Que fait l'État pour développer le transport par eau? — Quel reproche fait-on à notre système de canaux? — Quels canaux réclame-t-on?

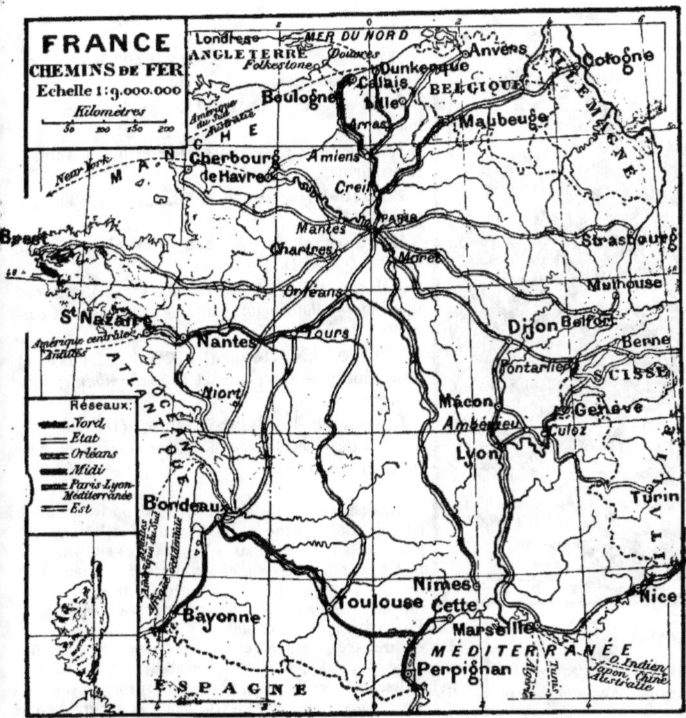

VOIES DE COMMUNICATION (suite).

1. Chemins de fer. — La France possède 40 000 kilomètres de chemins de fer.

2. — Les voies ferrées forment *six réseaux :* cinq appartiennent à des *Compagnies,* un à l'*État.*

Voici les lignes principales de chaque réseau :

I. Réseau du Nord : **Paris à Calais; — Paris à Lille; — Paris à Maubeuge.**

II. Réseau de l'État : **Paris au Havre; — Paris à Cherbourg; — Paris à Brest; — Paris à Bordeaux,** par *Niort;* — **Nantes à Bordeaux.**

III. Réseau d'Orléans : **Paris à Nantes et Saint-Nazaire; — Paris à Bordeaux,** par *Orléans,* — **Paris à Toulouse.**

IV. Réseau du Midi : **Bordeaux à Bayonne; — Bordeaux à Cette,** avec embranchement sur **Perpignan.**

V. Réseau de Paris-Lyon-Méditerranée : **Paris à Lyon, à Marseille et à Nice,** avec embranchements de **Dijon à Genève** et de **Mâcon et Lyon sur Turin; — Paris à Nîmes.**

VI. Réseau de l'Est : **Paris à Strasbourg; — Paris à Belfort et Mulhouse.**

3. Communications maritimes. — La plupart des grandes lignes de nos chemins de fer aboutissent à nos grands ports de commerce.

4. — Ces grands ports sont : **Dunkerque, Boulogne, le Havre, Saint-Nazaire, Bordeaux** et **Marseille.**

Lecture. — Les ports de commerce. — Les voies ferrées se prolongent au delà du continent par les grandes lignes de navigation maritime. Chaque port français est en relations avec tous les pays du monde; mais sa situation géographique lui assigne en outre des débouchés particuliers.

Dunkerque fait face à l'Angleterre, qui est le principal client de notre commerce. C'est donc avec les Anglais que Dunkerque a le plus affaire. En outre, ce port reçoit de l'Amérique du Sud et de l'Australie les énormes balles de laine qui alimentent l'industrie flamande.

Le Havre, sur la ligne qui unit Paris et New-York, a comme champ d'exploitation les Etats-Unis d'Amérique.

Saint-Nazaire approvisionne la France des produits de l'Amérique centrale et des Antilles.

Bordeaux fait un commerce actif avec les Antilles; il trafique surtout avec l'Amérique du Sud et l'Afrique occidentale.

Quant à **Marseille,** c'est notre grand entrepôt du Midi; et la flotte de ses paquebots dessert toutes les côtes de la Méditerranée, de l'océan Indien, de l'Extrême-Orient (Japon et Chine) et de l'Australie.

RÉGIONS NATURELLES

1. — Les **régions naturelles** sont des groupes de pays qui se ressemblent par le terrain, par le climat et par les productions.

2. — On peut diviser la France en *treize régions naturelles*.

I. — RÉGION DU MASSIF CENTRAL
(13 DÉPARTEMENTS)

Cantal, ch.-l. **Aurillac** (18000 h.), fabrique de chaudronneries.

Puy-de-Dôme, ch.-l. Clermont-Ferrand (65 400 h.), grains et fruits de la Limagne, pâtes alimentaires. — *Thiers* (17400 h.), coutellerie.

Haute-Loire, ch.-l. le **Puy** (20900 h.), centre de l'industrie des dentelles d'Auvergne.

Ardèche, ch.-l. **Privas** (7300 h.). — *Aubenas,* marché de soies grèges.

Lozère, ch.-l. **Mende** (7000 h.), fabrique de serges.

Aveyron, ch.-l. **Rodez** (15400 h.). — *Roquefort,* fromages.

Lot, ch.-l. **Cahors** (13600 h.), vins et huiles.

Corrèze, ch.-l. **Tulle** (15900 h.), manufacture d'armes.

Haute-Vienne, ch.-l. **Limoges** (92200 h.), porcelaines.

Creuse, ch.-l. **Guéret** (8300 h.), marché agricole. — *Aubusson,* tapis.

Allier, ch.-l. **Moulins** (22000 h.), marché agricole. — *Montluçon,* usine de fer, glaces; *Commentry,* houille.

Nièvre, ch.-l. **Nevers** (27700 h.), faïences et porcelaines. — *Guérigny* et *Fourchambault,* métallurgie.

Loire, ch.-l. **Saint-Etienne** (148600 h.), centre d'un riche bassin houiller; soieries et manufactures d'armes.

Lecture. — Le Massif Central ne ressemble à aucune autre partie de la France. Ses terrasses de granit, ses coulées de laves, ses cratères sinistres, ses plateaux minés de rivières souterraines et creusés de grottes étranges, tout déconcerte le voyageur et lui rappelle l'immense incendie qui embrasait cette région avant l'apparition de l'homme.

La nature a gardé quelque chose de sauvage en Auvergne. Le climat a de violents écarts et la roche est souvent inculte. Dans les Causses, l'herbe est si rare et si courte que les moutons usent leurs lèvres pour la tondre de plus près. Certains cantons ne connaissent comme aliments que le pain noir et la châtaigne, et maint Auvergnat qui veut s'assurer des ressources pour la vieillesse passe au loin de longues années.

Cette région volcanique et pauvre a pourtant des parties privilégiées. La Limagne, arrosée par l'Allier, est une terre de céréales et de fruits exquis; le Cantal élève de beaux bestiaux dans ses gras pâturages. Les eaux minérales et thermales attirent des légions de malades et d'oisifs qui apportent avec eux l'argent et le bien-être. Grâce à la houille, Saint-Etienne et Montluçon sont des centres manufacturiers puissants; Limoges doit aux carrières de kaolin du voisinage l'origine de ses belles industries de la porcelaine. La facilité des communications amène dans les pittoresques montagnes du Puy des touristes chaque année plus nombreux et plus enchantés.

II. — RÉGION DES PYRÉNÉES
(4 DÉPARTEMENTS)

Pyrénées-Orientales, ch.-l. Perpignan (39 500 h.), place forte, marché agricole. — *Port-Vendres,* bon port.

Ariège, ch.-l. Foix (6 800 h.). — *Saint-Girons,* marbres.

Hautes-Pyrénées, ch.-l. Tarbes (28 600 h.), élevage et marché de chevaux. — *Bagnères-de-Bigorre, Barèges,* eaux minérales.

Basses-Pyrénées, ch.-l. Pau (37 100 h.), château historique. — *Bayonne* (27 900 h.), place forte, port.

Lecture. — De nombreux cours d'eau se forment sur les crêtes neigeuses des Pyrénées ; mais, à peine nés, ils se séparent et se précipitent dans trois directions opposées, vers la Méditerranée, vers Toulouse et vers l'Atlantique.

Nul lien entre eux ; aucun d'eux ne sert au commerce. Et cette région qui touche à l'Espagne n'a, pour ainsi dire, aucune relation avec elle, puisque les passages sont inaccessibles sauf aux extrémités de la chaîne. L'industrie, privée de houille, est restreinte à l'exploitation des *marbres.*

Ce superbe pays est donc condamné à une certaine pauvreté : le *Roussillon,* sec et chaud, cultive la vigne ; le *Béarn,* fort arrosé, élève les *chèvres* et les *chevaux.* En été surtout le pays s'anime ; il héberge une foule de touristes et d'artistes, grimpeurs de montagnes et une foule de malades, qui comptent sur les *eaux minérales* pour refaire leur santé.

III. — RÉGION DE LA GARONNE
(8 DÉPARTEMENTS)

Haute-Garonne, ch.-l. Toulouse (149 600 h.), sur la Garonne et le canal du Midi, grand marché agricole et grand centre de commerce avec l'Espagne, ville universitaire.

Tarn, ch.-l. Albi (25 000 h.), charbonnages, verreries.

Tarn-et-Garonne, ch.-l. Montauban (29 800 h.), grains, farines, vins et comestibles.

Gers, ch.-l. Auch (13 600 h.), marbreries.

Lot-et-Garonne, ch.-l. Agen (23 300 h.), pruneaux.

Dordogne, ch.-l. Périgueux (33 500 h.), truffes.

Gironde, ch.-l. Bordeaux (271 600 h.), grand port de commerce, vins et spiritueux, entrepôt de denrées coloniales.

Landes, ch.-l. Mont-de-Marsan (12 000 h.), bois et résines.

Lecture. — La région de la Garonne se déroule entre les pentes opposées des Pyrénées et du Massif Central. C'est une longue plaine qui s'incline seulement vers l'Atlantique.

Peu de houille, donc pas d'industrie ; mais la terre, fécondée par des pluies abondantes et par le chaud soleil du midi, porte toutes sortes de cultures : les Landes, contrée lacustre et malsaine il y a cent ans, sont couvertes par des forêts de pins ; l'Armagnac fabrique des eaux-de-vie ; Toulouse a des minoteries puissantes au milieu d'une campagne qui fournit le blé, le maïs, le chanvre et le lin ; Agen récolte les fruits à noyau et vend des pruneaux renommés.

Quant à Bordeaux, métropole maritime de cette opulente région, c'est une vraie capitale qui montre avec orgueil ses splendides promenades, ses royales constructions de pierre, sa flotte marchande et l'interminable série de ses docks où s'entassent les marchandises du Nouveau Monde et nos précieux vins.

IV. — RÉGION DU BAS-LANGUEDOC
(3 DÉPARTEMENTS)

Aude, ch.-l. Carcassonne (30 700 h.), draps, lainages et vins. — *Narbonne* (28 200 h.), marché de vins et miel.

Hérault, ch.-l. Montpellier (80 200 h.), spiritueux. — *Béziers* (51 000 h.), vins et eaux-de-vie ; *Cette* (33 000 h.), grand port de la région.

Gard, ch.-l. Nîmes (80 400 h.), vins et tapis, monuments romains. — *Alais* (29 800 h.), centre de charbonnages et de métallurgie.

Lecture. — Le Bas-Languedoc est le versant des Cévennes qui aboutit au Rhône et à la Méditerranée. Son relief comprend trois étages : la montagne, pauvre et rocailleuse ; la côte, plate et bordée d'étangs insalubres, et enfin la plaine proprement dite, où se groupent les populations et les villes.

Le climat est sec avec des étés de chaleur accablante ; les pluies sont rares, mais tellement violentes que tous les cours d'eau se gonflent démesurément ; en quelques heures l'Aude peut avoir six cents fois son débit ordinaire.

Cette région, ravagée par le phylloxera, a reconstitué ses vignobles. Elle fournit des vins de coupage très abondants, des eaux-de-vie fines ; elle a même quelques industries florissantes, celle des soieries à *Nîmes* et des aciers à *Bessèges.* On exploite dans ses marais salants le sel le plus pur et le plus estimé des côtes, et les oliviers de sa plaine produisent des fruits excellents.

QUESTIONNAIRE. — II. *Région des Pyrénées.* — Nommez, avec leurs villes importantes, les départements compris dans cette région.
LECTURE. — Que savez-vous des cours d'eau pyrénéens ? — Pourquoi cette région est-elle peu commerçante et peu industrielle ?
III. *Région de la Garonne.* — Nommez, avec leurs villes importantes, les départements compris dans cette région.
LECTURE. — Quelles sont les productions de la région de la Garonne ?
IV. *Région du Bas-Languedoc.* — Nommez, avec leurs villes importantes, les départements compris dans cette région.
LECTURE. — Que savez-vous sur le Bas-Languedoc ?

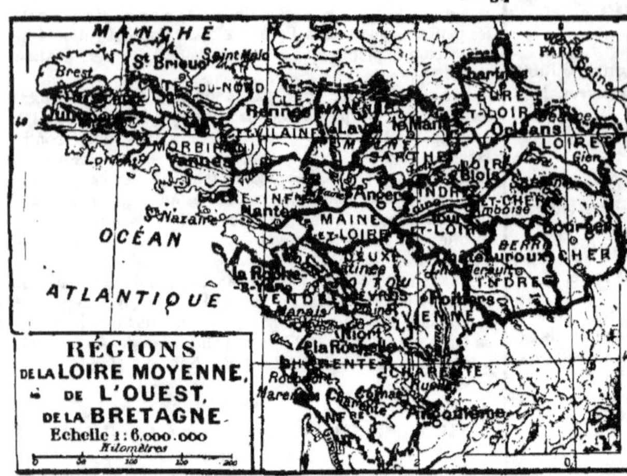

V. — RÉGION DE LA LOIRE MOYENNE
(9 DÉPARTEMENTS)

Loiret, ch.-l. Orléans (72100 h.), lainages, pépinières, grand centre de commerce.

Eure-et-Loir, ch.-l. Chartres (24100 h.), grand marché agricole de la Beauce

Loir-et-Cher, ch.-l. Blois (23900 h.), château historique.

Cher, ch.-l. Bourges (45700 h.), fonderie de canons.

Indre, ch.-l. Châteauroux (26000 h.), draperies.

Indre-et-Loire, ch.-l. Tours (73400 h.), belle ville, centre de commerce. — *Amboise,* château historique.

Mayenne, ch.-l. Laval (30200 h.), toiles.

Sarthe, ch.-l. le Mans (69300 h.), marché, toiles.

Maine-et-Loire, ch.-l. Angers (83800 h.), centre d'ardoisières, pépinières, toiles et corderies.

Lecture. — Entre Gien et le confluent de la Maine, la Loire traverse un pays généralement plat.

Sur la rive gauche, ce pays comprend le *Berri,* terre de labour et d'élevage, et la *Sologne,* qu'on fertilise en l'asséchant. Sur la rive droite, la *Beauce* déploie ses champs de céréales, et le pays du *Maine* ses opulentes cultures de chanvre et de blé. Le Maine nourrit en outre l'excellente race des chevaux percherons.

La vallée de la Loire présente une suite ininterrompue de pépinières, de jardins à fleurs, de vergers et de vignes.

VI. — RÉGION DE L'OUEST
(5 DÉPARTEMENTS)

Vienne, ch.-l. Poitiers (41200 h.), marché agricole. — *Châtellerault,* armes et coutellerie.

Deux-Sèvres, ch.-l. Niort (23700 h.), légumes, cuirs.

Vendée, ch.-l. la Roche-sur-Yon (14900 h.), minoteries.

Charente, ch.-l. Angoulême (38200 h.), papeteries. — *Cognac,* eaux-de-vie; *Ruelle,* fonderie de canons.

Charente-Inférieure, ch.-l. la Rochelle (36400 h.), vieille cité commerçante. — *Rochefort* (35000 h.), port militaire; *Marennes,* huîtres.

Lecture. — La Vienne, la Loire et la Gironde limitent de trois côtés la région de l'Ouest, et l'océan l'arrose de ses ondées régulières.

Autour du faible plateau des *Gâtines* s'étendent des campagnes peu inclinées : à l'est, la plaine du *Poitou* qui élève les ânes et les mulets ; à l'ouest, c'est le *Bocage* et la *Plaine,* deux terres à blé, et le *Marais* qui, suivant les saisons, est une verte pelouse ou une nappe d'eau ; au sud, ce sont les fameux *vignobles de la Charente.*

Chaque bourgade a ses grandes foires et ses marchés aux bestiaux et aux grains. Mais l'industrie proprement dite n'a pu grandir que là où les cours d'eau pouvaient l'animer. Sans la Vienne, il n'y aurait pas de coutellerie à *Châtellerault,* et sans la Touvre, les fonderies de *Ruelle* et les papeteries d'*Angoulême* seraient ruinées.

VII. — RÉGION DE LA BRETAGNE
(5 DÉPARTEMENTS)

Ille-et-Vilaine, ch.-l. Rennes (79400 h.), marché agricole. — *Saint-Malo* (12400 h.), port de pêche.

Côtes-du-Nord, ch.-l. Saint-Brieuc (23900 h.), port de pêche.

Finistère, ch.-l. Quimper (19300 h.), sardineries. — *Brest* (90500 h.), port militaire et arsenal.

Morbihan, ch.-l. Vannes (23700 h.), port envasé. — *Lorient* (49000 h.), port militaire et arsenal.

Loire-Inférieure, ch.-l. Nantes (170500 h.), port marchand, entrepôt de denrées coloniales, fabriques de conserves, constructions navales. — *Saint-Nazaire* (38200 h.), port moderne.

QUESTIONNAIRE. — V. *Région de la Loire moyenne.* — Nommez, avec leurs villes importantes, les départements compris dans cette région.
Lecture. — Quel pays traverse la Loire de Gien à la Maine ? — Que comprend ce pays à droite ? — à gauche ? — Que présente la vallée ?
VI. *Région de l'Ouest.* — Nommez, avec leurs villes importantes, les départements compris dans cette région.
Lecture. — Par quoi est limitée la région de l'Ouest ? — Comment est-elle divisée ? — Que dit-on du commerce ? — de l'industrie ?
VII. — *Région de la Bretagne.* — Nommez, avec leurs villes importantes, les départements compris dans cette région.

IX. — RÉGION DU NORD (3 dép.

Nord, ch.-l. **Lille** (217800 h.), grand centre de commerce et d'industrie, filatures de lin et de coton, usines métallurgiques. — *Roubaix* (122700 h.) et *Tourcoing* (82600 h.), industrie de la laine et du coton ; *Valenciennes* (34800 h.) et *Douai* (36300 h.), charbonnages ; *Dunkerque* (38900 h.), port de commerce et de guerre.

Pas-de-Calais, ch.-l. **Arras** (26000 h.), marché agricole. — *Boulogne* (53100 h.), port de pêche et de commerce ; *Calais* (72300 h.), port, fabriques de tulles.

Somme, ch.-l. **Amiens** (93200 h.), toiles et velours. — *Abbeville* (20400 h.), toiles.

Lecture. — La partie septentrionale de la France rattache la région de Paris à l'Angleterre et à la Belgique et réunit les qualités de ces trois régions. Elle a le climat modéré et les opulentes cultures du bassin parisien et de riches charbonnages qui font suite aux houillères belges. Ajoutons qu'elle communique avec ces trois contrées par un service très complet de voies de communication.

Ainsi dotée, la région du Nord entretient une population extrêmement nombreuse et ses villes grandissent tous les ans, comme les industries auxquelles elles doivent leur fortune. En tête de ces industries figurent la draperie, la filature de la laine, du coton et du lin, la verrerie et la métallurgie.

VIII. — RÉGION NORMANDE (5 départements)

Manche, ch.-l. **Saint-Lô** (11800 h.), marché de chevaux. — *Cherbourg* (43700 h.), port militaire.

Calvados, ch.-l. **Caen** (46900 h.), chevaux et denrées agricoles. — *Lisieux*, lainages ; *Isigny*, beurre.

Orne, ch.-l. **Alençon** (17400 h.), marché agricole. — *Flers*, toiles et coutils ; *Laigle*, aiguilles et épingles.

Eure, ch.-l. **Evreux** (18900 h.). — *Louviers*, draps.

Seine-Inférieure, ch.-l. **Rouen** (125000 h.), port de commerce, centre de l'industrie des cotonnades. — *Le Havre* (136100 h.), second port de commerce, industries navales ; *Elbeuf*, draps ; *Dieppe*, port de pêche.

Lecture. — La Normandie offre un double aspect : tout l'ouest, **Cotentin** et **Basse-Normandie**, rappelle la Bretagne par la nature des terrains, la fréquence des ondées et le développement des cultures fourragères. Dans ses prairies savamment irriguées et couvertes de pommiers à cidre, on élève des chevaux anglo-normands et *percherons* que les amateurs de tous les pays se disputent à prix d'or. Et les vaches normandes, laitières incomparables, produisent des *fromages* et des *beurres* renommés.

La Haute-Normandie est une région manufacturière. Ses industries les plus actives sont la fabrication des draps fins à Elbeuf et des cotonnades à Rouen, les fonderies et la construction des vaisseaux au Havre. Le Havre est aussi un grand entrepôt des cotons bruts et de la houille anglaise.

X. — RÉGION DE PARIS (10 départements)

Aisne, ch.-l. **Laon** (16300 h.), place forte. — *Saint-Quentin* (53600 h.), cotonnades et mérinos.

Oise, ch.-l. **Beauvais** (19800 h.), tapis.

Seine-et-Marne, ch.-l. **Melun** (14800 h.), minoteries. — *Fontainebleau*, château historique.

Seine-et-Oise, ch.-l. **Versailles** (60400) ; château et parc. — *Corbeil*, minoteries ; *Sèvres*, porcelaines.

Seine, ch.-l. **Paris** (2888100 h.), cap. de la France, industries d'art et de luxe, camp retranché. — *Saint-Denis* (71700 h.), important centre industriel.

Ardennes, ch.-l. **Mézières** (10400 h.). — *Charleville*, métallurgie ; *Sedan*, draps ; *Fumay*, ardoisières.

Haute-Marne, ch.-l. **Chaumont** (14800 h.). — *Langres*, coutellerie, place forte ; *Saint-Dizier*, forges.

Marne, ch.-l. **Châlons-sur-Marne** (31300 h.). — *Epernay*, vins ; *Reims* (115200 h.), lainages et vins.

Aube, ch.-l. **Troyes** (55500 h.), bonneterie.

Yonne, ch.-l. **Auxerre** (21900 h.), vins.

XI. — RÉGION LORRAINE ET VOSGIENNE

(6 DÉPARTEMENTS. — 1 TERRITOIRE.)

Moselle, ch.-l. **Metz** (68600 h.), grand camp retranché; — *Sarreguemines,* faïence, porcelaine; — *Saint-Louis,* cristallerie.

Meurthe-et-Moselle, ch.-l. **Nancy** (119900 h.), centre d'industrie métallurgique et de commerce; — *Briey,* fer; — *Baccarat,* cristallerie.

Meuse, ch.-l. **Bar-le-Duc** (17000 h.), confitures; — *Verdun,* place forte.

Vosges, ch.-l. **Epinal** (30000 h.), place forte; industrie du coton, imagerie.

Bas-Rhin, ch.-l. **Strasbourg** (178900 h.), grand camp retranché; industries alimentaires.

Haut-Rhin, ch.-l. **Colmar** (43000 h.), tissages; — *Mulhouse* (105400 h.), centre d'industries cotonnières.

Territoire de Belfort, ch.-l. **Belfort** (24400 h.).

XII. — RÉGION DU JURA ET DE LA SAÔNE

(7 DÉPARTEMENTS)

Haute-Saône, ch.-l. **Vesoul** (10500 h.).

Doubs, ch.-l. **Besançon** (58000 h.), horlogerie.

Jura, ch.-l. **Lons-le-Saunier** (13900 h.), salines.

Côte-d'Or, ch.-l. **Dijon** (76800 h.), vins et moutarde; — *Beaune,* grands vins de Bourgogne.

Saône-et-Loire, ch.-l. **Mâcon** (19800 h.), vins; le *Creusot* (35600 h.), métallurgie; *Montceau,* houillères.

Ain, ch.-l. **Bourg** (20500 h.), grains et volailles.

Rhône, ch.-l. **Lyon** (523800 h.), camp retranché, première ville du monde pour les soieries.

Lecture. — La frontière orientale de la France est fermée par le Rhin et par des montagnes de hauteur inégale. Les cols des Vosges, les trouées et les cluses du Jura, les hautes vallées des Alpes ouvrent des passages aux communications commerciales. Les forêts, les papeteries, les forges de la Lorraine et de la Franche-Comté, les vignobles de la Bourgogne, les denrées alimentaires de la région de la Savoie et du Rhône ont ainsi de précieux débouchés.

Par ces brèches naturelles, des milliers de voyageurs franchissent la frontière pour gagner la Suisse et l'Italie. L'été, un grand nombre s'arrêtent dans les frais vallons des Vosges, sur les terrasses boisées du Jura, ou dans les sites grandioses de la Savoie ou du Dauphiné. L'hiver, ils séjournent dans quelque station fleurie de la côte provençale ou niçoise.

XIII. — RÉGION DU SUD-EST (11 DÉPARTEMENTS)

Haute-Savoie, ch.-l. **Annecy** (15600 h.).

Savoie, ch.-l. **Chambéry** (22900 h.).

Isère, ch.-l. **Grenoble** (74400 h.), place forte; ganterie. — *Vienne* (24700 h.), monuments romains; draps.

Hautes-Alpes, ch.-l. **Gap** (10400 h.). — *Briançon.*

Drôme, ch.-l. **Valence** (28700 h.), filatures.

Vaucluse, ch.-l. **Avignon** (49300 h.), soieries.

Bouches-du-Rhône, ch.-l. **Marseille** (550600 h.), premier port de commerce, huileries, savonneries.

Basses-Alpes, ch.-l. **Digne** (7300 h.).

Var, ch.-l. **Draguignan** (10000 h.). — *Toulon* (104600 h.), grand port militaire; constructions navales.

Alpes-Maritimes, ch.-l. **Nice** (142900 h.), *Cannes,* stations d'hiver.

Corse, ch.-l. **Ajaccio** (19200 h.), bon port.

COLONIES FRANÇAISES

MAROC. — ALGÉRIE. — TUNISIE

1. Maroc. — Le **Maroc**, baigné par la *Méditerranée* et l'*océan Atlantique*, est séparé de l'Espagne par le *détroit de Gibraltar*. Il touche, à l'est, à l'*Algérie*.

2. — Il est sillonné par les plus hautes chaînes de l'**Atlas**, et son sol est fertile dans les vallées de la zone maritime.

3. — La population du Maroc est évaluée à 6 ou 8 millions d'habitants. Ses villes principales sont : **Fez**, capitale (106 000 h.), **Maroc** (99 000 h.).

4. Algérie. — L'**Algérie** est limitée par la *Méditerranée*, la *Tunisie*, le *Sahara* et le *Maroc*; elle est d'un quart plus grande que la France.

5. — Les deux chaînes de l'**Atlas** la traversent de l'ouest à l'est, et la divisent en trois régions : le **Tell**, les **Hauts Plateaux** et le **Sahara algérien**.

6. — Il pleut rarement en Algérie, et les cours d'eau sont des torrents : le principal est le **Chéliff**.

7. — Le **Tell**, mieux arrosé que les autres régions, produit en abondance des *céréales*, des *primeurs*, des *fruits* (oranges, figues, citrons, olives), des *vins* et du *tabac;* il possède de *belles forêts*, des *mines de fer*, des *carrières de marbres* et de *phosphates*.

8. — Les Hauts Plateaux donnent l'*alfa* et nourrissent des troupeaux nomades ; les oasis du désert sont plantées de *dattiers*.

9. — L'Algérie compte 4 millions et demi d'indigènes et 795 000 Européens, dont 304 000 Français. Elle est divisée en trois départements: **Oran**, ch.-l: *Oran* (123 000 h.), port très actif; **Alger**, ch.-l. *Alger* (172 000 h.), résidence du gouverneur général, bon port; **Constantine**, ch.-l. *Constantine* (65 000 h.), marché agricole. — Les **territoires du sud** comprennent quatre divisions : **Aïn-Sefra**, **Ghardaya**, **Touggourt** et les **oasis sahariennes**.

Lecture. — La terre algérienne est riche ou misérable suivant la quantité d'eau qui l'arrose. Par malheur, l'eau est rare et inégalement répartie.

L'Algérie est soumise à deux influences opposées, celle du Sahara et celle de la Méditerranée. Le Sahara fait passer sur elle son souffle sec et embrasé. La Méditerranée lui envoie ses brises fraîches et chargées de pluie. Mais la pluie, en général, s'abat sur le versant septentrional de l'Atlas et retourne à la mer en suivant les torrents. Voilà pourquoi la zone *maritime* ou *tellienne* est la seule qui porte des cultures variées : les chênes-lièges et la vigne, les céréales et les fruits.

Les *Hauts Plateaux*, plus déshérités, ont pour plante caractéristique l'*alfa*, graminée utile à l'industrie et au bétail.

Quant au *Sahara*, presque privé de pluies, il verrait disparaître la plupart de ses oasis sans les eaux souterraines que nos ingénieurs font jaillir à l'aide des *puits artésiens*.

10. Tunisie. — La **Tunisie** prolonge l'Algérie à l'est ; elle est grande comme le quart de la France.

11. — Les deux chaînes de l'**Atlas**, réunies en une seule, séparent le **Tell** du **désert saharien**.

12. — Le Tell tunisien est plus doux et mieux arrosé que le Tell algérien, et ses productions ne sont ni moins riches ni moins variées; sur la côte on pêche les *éponges* et le *corail*.

13. — La Tunisie compte 1 900 000 habitants, dont 46 000 Français. La capitale est **Tunis** (227 000 h.), au fond d'une baie navigable. **Kairouan** est la ville sainte des musulmans; **Bizerte**, le port militaire.

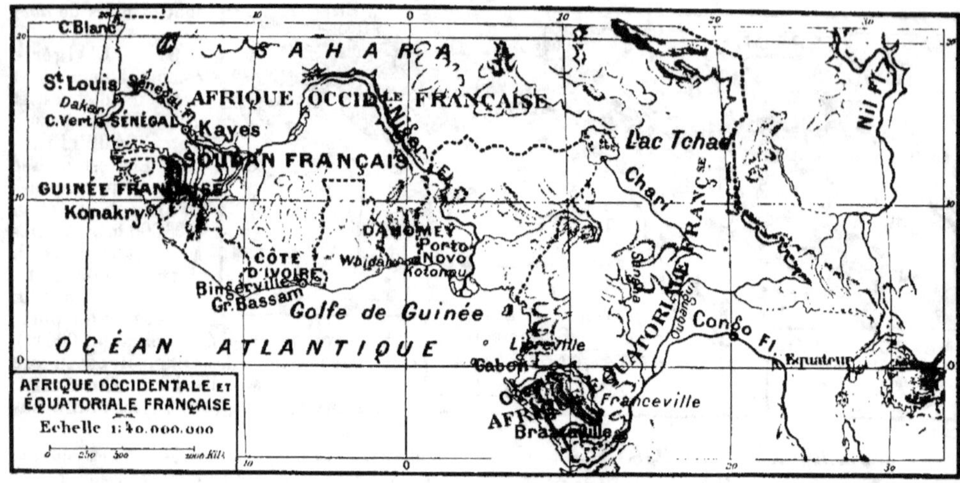

AFRIQUE OCCIDENTALE
ET ÉQUATORIALE FRANÇAISE

1. — **L'AFRIQUE OCCIDENTALE FRANÇAISE** est cinq fois grande comme la France. Elle comprend le **Sénégal**, le **Soudan français**, la **Guinée française**, la **Côte d'Ivoire** et le **Dahomey**.

2. — La zone maritime de l'Afrique occidentale française est chaude, humide et malsaine; les plateaux de l'intérieur sont dénudés ou couverts d'une superbe végétation forestière; le sol des vallées se prête à toutes les cultures des pays chauds.

3. Sénégal. — Le Sénégal doit son nom au grand fleuve qui l'arrose. La capitale est *Saint-Louis* (24000 h.), reliée par une voie ferrée au port de *Dakar*.

4. Soudan français. — Le Soudan français embrasse presque toute la plaine arrosée par le **Niger**, long de 4000 kilom. La capitale est *Kayes*.

5. Guinée française. — La Guinée française a pour chef-lieu *Konakry*.

6. Côte d'Ivoire. — La Côte d'Ivoire a pour chef-lieu *Bingerville*.

7. Dahomey. — Le Dahomey, ch.-l. *Porto-Novo*, s'étend sur l'ancien royaume du Dahomey et sur les établissements de *Whidah* et de *Kotonou*.

8. — **L'AFRIQUE ÉQUATORIALE FRANÇAISE** est plus grande que la France. Des chaînes de montagnes la divisent en deux régions.

La partie occidentale est très accidentée; elle est arrosée par le *Gabon* et l'*Ogooué*. Ses deux principaux établissements sont : *Libreville* et *Franceville*.

La partie orientale, où coulent l'*Oubangui*, affluent du **Congo**, et le *Chari*, affluent du lac *Tchad*, renferme le chef-lieu **Brazzaville**.

Lecture. — L'Afrique occidentale était presque inconnue il y a cinquante ans. Dans les rares comptoirs de la côte, les indigènes venaient troquer la gomme et l'ivoire contre les tissus, les armes et l'eau-de-vie des Européens. Les marais et les lagunes empestées du littoral, qui donnaient la fièvre, les forêts, presque impénétrables, les gradins escarpés des montagnes d'où les fleuves se précipitaient en cascades, enfin les peuplades nègres ignorantes, féroces ou abruties par l'esclavage, étaient les obstacles qui arrêtaient les explorateurs.

Aussi devons-nous admirer les Français intrépides qui ont fondé notre empire africain, en risquant ou en sacrifiant leur vie pour la science et pour la patrie. Ils ont conquis des terres où notre industrie puise les caoutchoucs, l'ivoire, les huiles, les bois précieux, l'or, où notre commerce vend les produits de la France. Ils ont contribué à affranchir les nègres en abolissant la traite, qui était la honte de l'humanité.

QUESTIONNAIRE. — Sommaire. — 1. Que comprend l'Afrique occidentale française? — 2. Que dit-on de la zone maritime, des plateaux et des vallées? — 3. Quelle est la capitale du Sénégal? — 4. Où s'étend le Soudan français? Quelle en est la capitale? — 5. Quel est le chef-lieu de la Guinée française? — 6. Quel est le chef-lieu de la Côte d'Ivoire? — 7. Que comprend le Dahomey? Quel en est le chef-lieu? — 8. Comment est divisée l'Afrique équatoriale française? Que savez-vous de la partie occidentale? — de la partie orientale?

Lecture. — Quels obstacles ont eu à vaincre les explorateurs de l'Afrique occidentale? — Quels sont les résultats de leurs explorations?

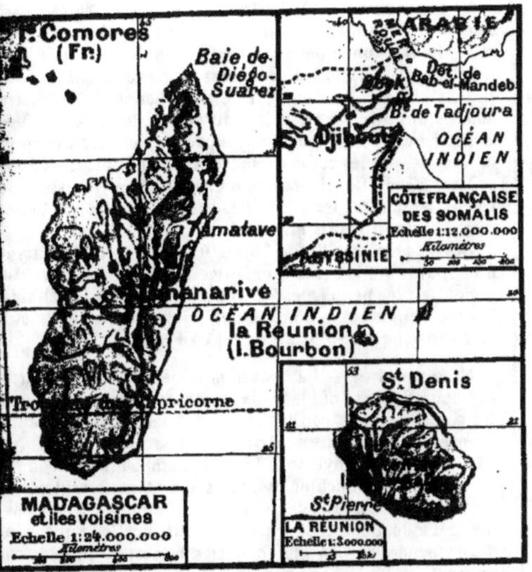

AFRIQUE ORIENTALE FRANÇAISE

1. Madagascar. — L'île de **Madagascar** est un peu plus grande que la France. Elle est sillonnée, du nord au sud, par des chaînes de montagnes qui encadrent le plateau de l'**Imérina**.

2. — A l'est, les montagnes serrent de près une côte basse et humide : son meilleur port est *Tamatave*.

A l'ouest les pluies sont rares, et les torrents coulent sur des terrasses abruptes ou dans des plaines desséchées.

Au nord s'ouvre la baie de *Diégo-Suarez*, excellente station de défense pour notre marine.

3. — Madagascar possède du *fer*, du *cuivre*, de la *houille* et des *forêts;* elle produit du *riz*, du *café*, du *coton* et nourrit des *bestiaux*.

4. — Elle est peuplée de 2 700 000 *Sakalaves* et *Hovas*. La capitale est **Tananarive** (94 800 h.).

5. Réunion. — L'île volcanique de la **Réunion** est grande comme le tiers de la Corse. Elle jouit d'un climat sain, et produit la *canne à sucre*, le *café*, la *vanille*. La capitale est **Saint-Denis** (25 700 h.); mais le meilleur port est *Saint-Pierre*.

1re Lecture. — Il manquait à **Madagascar**, pour assurer sa prospérité, la paix intérieure et de bonnes routes : la paix est assurée depuis la soumission des Hovas (1895). Quant aux routes, on les construit. Un chemin de fer est commencé entre Tamatave et Tananarive.

A vrai dire, la nature ne s'y prête pas : à l'est, s'allonge une côte de 1 000 kilomètres, bordée de lagunes et inaccessible aux vaisseaux ; et derrière cette côte, la forêt commence obscure, fangeuse et mortellement malsaine. L'ouest est plus sec ; mais, pour atteindre les plateaux du centre, on doit suivre des vallées creuses, escalader des terrasses escarpées, et affronter la fièvre.

Néanmoins, Madagascar est une précieuse colonie : on y récolte tous les produits tropicaux, on pourrait y élever des millions de bœufs. Et le sous-sol est riche en cuivre, en fer, en or, et même en houille, denrée si rare en Afrique.

2e Lecture. — L'île de la **Réunion** a été toute bouleversée par les éruptions volcaniques. Un des cratères, appelé le *Piton de la Fournaise*, vomit encore fréquemment des cendres et des laves en fusion. L'île est percée partout de cirques et d'entonnoirs, sillonnée de profonds ravins, où courent les torrents pendant la saison des pluies. On a malheureusement détruit les épaisses forêts qui couvraient les flancs des montagnes et descendaient jusqu'à la mer. Les arbres précieux qui donnaient le bois de fer, le bois de rose, le bois d'ébène, le bois de benjoin et d'autres essences parfumées, ont été coupés et remplacés par des cultures de cannes à sucre, de café, de cacao, de vanille, de tabac.

Dans le fond des cirques, jaillissent des sources d'eaux thermales pareilles à celles de Vichy et de Barèges. Elles attirent beaucoup de baigneurs : on y a créé des stations où les malades vont rétablir leur santé et reprendre des forces.

6. Obok et Djibouti. — A la sortie de la mer Rouge, à l'entrée de l'*océan Indien*, la France possède la baie de *Tadjoura*, où elle a fondé les colonies d'**Obok** et de **Djibouti**, points d'arrivée des caravanes de l'Abyssinie.

Environs de Tananarive. — Labourage pour la culture du riz

COLONIES FRANÇAISES D'ASIE

1. Inde française. — De ses vastes possessions dans l'Inde, la France n'a conservé que cinq villes : **Pondichéry** (46 700 h.), la capitale, *Chandernagor, Yanaon, Karikal* et *Mahé.*

1re Lecture. — La ville de Pondichéry est divisée en deux quartiers, séparés par un canal : la ville blanche, bien bâtie, ornée de jolis monuments, de beaux parcs, de boulevards et de jardins; et la ville noire ou indoue, moins élégante et moins salubre. Le sol produit surtout des grains et du riz, et les principales industries sont celles des cotonnades, des huileries et des teintureries.

2. Indo-Chine française. — L'Indo-Chine française est aussi grande que la France et compte 16 millions d'habitants.

3. — La région montagneuse est boisée et renferme du *fer,* du *cuivre,* et de la *houille;* la zone maritime est chaude et insalubre, surtout dans les deltas du *Fleuve Rouge* et du *Mé-Kong;* mais elle produit en abondance le *riz,* le *coton* et la *canne à sucre.*

4. — L'Indo-Chine comprend une colonie, la **Cochinchine,** cap. *Saïgon* (50 900 h.), et quatre protectorats : le **Cambodge,** cap. *Pnom-Penh;* l'**Annam,** cap. *Hué;* le **Laos,** chef-lieu *Louang-Prabang;* et le **Tonkin,** cap. *Hanoï* (103 200 h.).

2e Lecture. — L'Indo-Chine. — « Notre pays, disent les Annamites, est un bâton portant à chaque extrémité un sac gonflé de riz. » Cette formule résume, d'une manière saisissante, les caractères de notre domaine indochinois. C'est une longue et étroite bande de territoire aboutissant aux larges deltas du fleuve Rouge et du Mé-Kong. Et ces deltas, surchauffés par le soleil des tropiques et fécondés par les cours d'eau, sont d'inépuisables rizières.

Mais l'Indo-Chine renferme bien d'autres richesses : le coton, les forêts, les pâturages, des minéraux de toutes sortes et de puissants gisements de houille.

Dès à présent, l'Indo-Chine française compte autant d'habitants à elle seule que toutes nos autres colonies. La région la plus peuplée est le Tonkin et surtout le delta du Fleuve Rouge où le nombre des habitants par kilomètre carré est cinq fois plus grand qu'en France.

3e Lecture. — La France possède la meilleure partie des deux fleuves dont les vallées ouvrent à notre commerce les routes les plus courtes et les plus faciles vers la Chine intérieure. Le **Fleuve Rouge** qui arrose le Tonkin, le **Mé-Kong** qui traverse le Laos, le Cambodge et étend ses bras sur la Cochinchine, sont dès maintenant explorés et suivis par nos bateaux de commerce et de guerre. Il sera possible, à l'aide de grands travaux, d'atténuer les rapides ou de les tourner, et nos marchandises françaises pénétreront librement dans les provinces méridionales de l'empire chinois.

Le Mé-Kong fait la richesse de la Cochinchine, en apportant dans ses crues des limons qui fertilisent le sol et lui donnent l'humidité nécessaire à la culture du riz. Quand le Mé-Kong inonde ses rives, il remplit de ses eaux bourbeuses le grand lac **Tonlé-Sap,** situé sur sa droite. Quand l'inondation a cessé, c'est au contraire l'eau du Tonlé-Sap qui redescend dans le Mé-Kong, et le lac est six fois plus petit. C'est alors que des milliers de pêcheurs viennent pêcher dans les boues du lac presque vide des quantités d'énormes poissons qu'ils vendent dans toute la péninsule.

Indo-Chine française. — Vue prise sur les bords du Mé-Kong.

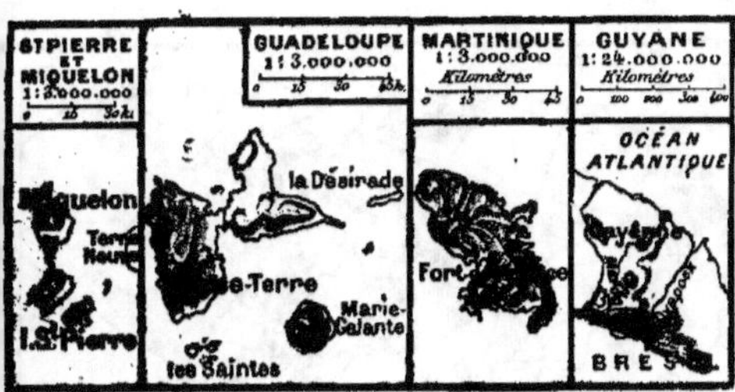

COLONIES FRANÇAISES D'AMÉRIQUE

1. — Les colonies françaises d'Amérique se réduisent aux îlots de **Saint-Pierre** et **Miquelon**, à quelques petites **Antilles** et à la **Guyane française**.

2. Saint-Pierre et Miquelon. — Sur ces îlots peuplés de 6 000 habitants, viennent s'installer chaque année 8 000 à 9 000 marins bretons, normands et flamands pour pêcher la morue sur la côte et les bancs de Terre-Neuve.

3. Antilles françaises. — Les petites Antilles sont pour la plupart des îles volcaniques, au climat relativement doux et salubre; mais elles sont dévastées trop souvent par des ouragans et des tremblements de terre. Elles produisent la *canne à sucre*, le *cacao*, le *café*, les *bois des îles*.

4. — Les deux principales Antilles françaises sont la **Guadeloupe**, chef-lieu *Basse-Terre*, et la **Martinique**, capitale *Fort-de-France*.

5. Guyane française. — La **Guyane française** se compose d'un littoral marécageux et malsain, de plaines herbeuses et de plateaux couverts de forêts vierges. C'est une colonie pénitentiaire dont la capitale est *Cayenne* (12 400 h.).

Lecture. — La Guyane française, grande comme le quart de la France, compte à peine 30 000 habitants. C'est une des plus anciennes, mais la plus délaissée de nos colonies.

Rien ne justifie un pareil abandon. La Guyane est à la même latitude que nos comptoirs de Guinée dont elle a le relief, le climat et le littoral vaseux.

Elle offre de grandes ressources, une végétation exubérante, des bois précieux, des savanes capables de nourrir les bœufs par millions, enfin toute la série des métaux. Mais les colons et les capitaux se détournent de la Guyane à cause de son *insalubrité légendaire* et des *forçats*.

Que faudrait-il pour donner toute sa valeur à cette terre d'avenir? Quelques voies commerciales, des travailleurs nés sous les tropiques, et des services plus nombreux entre Cayenne et Saint-Nazaire.

COLONIES FRANÇAISES D'OCÉANIE

6. — La France possède en Océanie 120 îles ou îlots peuplés de 87 600 habitants.

7. — Ces îles ont un climat chaud, mais salubre; elles produisent le *cocotier*, le *cotonnier*, le *cafier*, la *canne à sucre* et le *bambou*.

8. Nouvelle-Calédonie. — La **Nouvelle-Calédonie** est grande comme trois fois la Corse. Son sol est généralement peu fertile; mais il contient du *nickel*, de la *houille* et du *cuivre*.

9. — La population comprend 27 700 indigènes, appelés *Canaques*, et 22 000 Européens, dont 7 000 déportés. La capitale est *Nouméa*.

10. Taïti. — **Taïti** jouit d'un climat délicieux; son sol est fertile et sa population douce et hospitalière. La capitale est *Papéiti*.

Lecture. — Il existe, presque à nos antipodes, une colonie pénitentiaire qui a longtemps souffert du même discrédit que la Guyane. C'est la Nouvelle-Calédonie, qui émerge du Pacifique comme un grand vaisseau. Elle jouit, grâce aux brises marines, d'un *climat exquis*. Son sol, favorable aux cultures européennes, porte en outre des plantations de café. Son sous-sol a les plus belles mines de *nickel* du monde.

Ces nombreux avantages ont enfin décidé les Français à s'y établir.

QUESTIONNAIRE. — Où sont situés les Apennins ? — les Carpathes ? — les Balkans ? — les monts du Caucase ? — les monts Ourals ? — les monts de Norvège ?

Nommez les fleuves principaux qui se jettent dans la mer Baltique, — dans l'océan Glacial, — dans la mer du Nord, — dans l'océan Atlantique, — dans la Méditerranée, — dans la mer Adriatique, — dans la mer Noire, — dans la mer Caspienne.

Quelles mers relient les détroits danois ? — Par quel détroit passe-t-on de l'océan Atlantique dans la mer Méditerranée ?

Nommez les principaux caps de l'Europe et dites dans quels pays ils sont situés.

Nommez les pays baignés par la mer Baltique, — par la mer Noire, — par la mer du Nord, — par la Méditerranée.

Parmi les États européens, quel est celui dont la capitale est située le plus au nord ? — Indiquez celui dont la capitale est située le plus au sud.

LES CINQ PARTIES DU MONDE

EUROPE

1. Limites. Etendue. — L'Europe est limitée au nord par l'*océan Glacial arctique*, à l'ouest, par l'*océan Atlantique*, au sud par la *Méditerranée ;* à l'est, elle est soudée à l'Asie. Elle est située presque entièrement dans la zone tempérée du nord et sa superficie est égale à dix-neuf fois celle de la France.

2. Relief. — Le nœud des montagnes de l'Europe est l'énorme massif des **Alpes**, dont le plus haut sommet est le *mont Blanc* (4810 m.). Les Alpes sont séparées du *Central* français par le Rhône, et des **Carpathes** par le Danube ; elles se prolongent au sud par les **Apenins** et les **Balkans**. — Les **Pyrénées**, le **Caucase** et les monts de **Norvège** sont des massifs isolés.

3. — Les principales plaines de l'Europe sont celles de la *Russie*, de l'*Allemagne* et du *Danube*.

4. Cours d'eau. — Les cours d'eau européens se répartissent entre deux versants principaux : le *versant du nord-ouest* est arrosé par la **Dvina**, la **Néva**, la **Vistule**, l'**Oder**, l'**Elbe**, le **Rhin**, la **Seine**, la **Loire**, la **Garonne**, le **Douro** et le **Tage**. Sur le *versant du sud-est* coulent : l'**Ebre**, le **Rhône**, le **Pô**, le **Danube**, le **Dniéper**, le **Don** et le **Volga**, le plus long fleuve de l'Europe.

5. — Les lacs sont nombreux en Suède, en Russie et au pied des Alpes.

6. Littoral. — Le littoral de l'Europe est très étendu, grâce à de nombreuses îles et presqu'îles, aux mers et aux golfes qui de tous côtés pénètrent dans l'intérieur des terres. La mer du Nord et la Baltique, reliées par les détroits danois, s'enfoncent entre les *Iles-Britanniques*, les *Pays-Bas*, l'*Allemagne*, le *Danemark*, la *Suède* et la *Norvège* ; — la **Méditerranée**, ouverte à l'océan par le *détroit de Gibraltar*, sépare l'*Europe* de l'*Afrique* et de l'*Asie occidentale*, et, par ses mers secondaires (*Tyrrhénienne, Adriatique, Ionienne, Archipel, mer Noire*), découpe en îles et en presqu'îles le littoral de l'Espagne (*îles Baléares*), de la France (*Corse*), de l'Italie (*Sardaigne, Sicile*), de la Grèce (*îles Ioniennes et Archipel*), de la Russie (*presqu'île de Crimée*).

7. Climat. — L'Europe occidentale jouit d'un climat doux et humide, grâce au voisinage de l'*Océan* et du *Gulf-Stream ;* la région méditerranéenne est chaude ; l'Europe orientale, éloignée de la mer, reçoit moins d'eau et a des hivers longs et rigoureux.

1re Lecture. — Si l'on considère l'Europe au point de vue de sa situation, de son relief ou des mers qui l'entourent, on reconnaît qu'elle est le plus favorisé des continents.

Soudée à l'Asie, elle touche presque à l'Afrique, et sept jours de navigation la rattachent à l'Amérique. Elle est donc au centre de toutes les terres.

Ses *glaciers* alimentent de puissants cours d'eau. Mais nulle part ses montagnes ne s'étalent en plateaux infranchissables, et l'on passe sans peine d'un versant de l'Europe à l'autre en profitant de larges *dépressions*.

Enfin, l'Europe est admirablement *articulée* : elle abonde en îles, en presqu'îles, en golfes et en baies. La mer s'avance librement au milieu des masses continentales et porte jusqu'au cœur de l'Europe les denrées nécessaires à l'alimentation de l'homme et au travail de l'industrie.

8. Etats européens. — L'Europe compte environ 370 millions d'habitants ; elle est divisée en 21 Etats.

I. Etats du nord-ouest et de l'ouest. — Les **Iles-Britanniques**, capitale *Londres ;* la **France**, cap. *Paris ;* la **Belgique**, cap. *Bruxelles ;* les **Pays-Bas**, cap. *La Haye*.

II. Etats du centre. — La **Suisse**, cap. *Berne ;* l'**Allemagne**, cap. *Berlin ;* l'**Autriche-Hongrie**, cap. *Vienne* et *Buda-Pesth*.

III. Etats du nord et de l'est. — Le **Danemark**, cap. *Copenhague ;* la **Suède**, cap. *Stockholm ;* la **Norvège**, cap. *Christiania ;* la **Russie**, cap. *Pétrograd*.

IV. Etats du sud. — La **Roumanie**, cap. *Bucarest ;* la **Serbie**, cap. *Belgrade ;* le **Monténégro**, cap. *Cettigne ;* la **Bulgarie**, cap. *Sofia ;* l'**Albanie**, cap. *Durazzo ;* la **Turquie**, cap. *Constantinople ;* la **Grèce**, cap. *Athènes ;* l'**Italie**, cap. *Rome ;* l'**Espagne**, cap. *Madrid ;* le **Portugal**, cap. *Lisbonne*.

2e Lecture. — Les *plaines* de l'Europe occupent les deux tiers de sa surface. C'était, à l'origine, une forêt sans fin, entrecoupée de marécages. Aujourd'hui, c'est une terre de labour sillonnée de canaux et de routes et couverte de cultures : blé, betterave, vignes, arbres fruitiers et pommes de terre.

Les hautes régions sont utiles aussi pour l'exploitation des bois et pour l'élevage des animaux domestiques.

Aucun espace n'est inoccupé, et l'Européen a doublé la valeur de son héritage en fouillant le sol dans ses profondeurs. L'or et l'argent sont rares ; mais on extrait des mines tous les métaux usuels et la houille qui permet de les mettre en œuvre. Grâce à la houille, l'Europe manufacture les produits bruts du monde entier, la laine, le coton, la soie ; et ses grandes villes, qui sont si nombreuses, s'élèvent dans le voisinage des mines de charbon, aux carrefours des voies naturelles, le long des vallées, et sur le bord de la mer.

AFRIQUE

1. — L'Afrique est une grande île triangulaire entourée par la *Méditerranée*, l'*océan Atlantique*, l'*océan Indien* et la *mer Rouge*.

Sa surface est égale à trois fois celle de l'Europe; mais sa population ne comprend que 150 millions d'habitants composés en majorité de *nègres* idolâtres ou mahométans.

2. — Les montagnes, *Atlas*, *Fouta-Djallon*, monts du Cap, monts *Abyssins*, se dressent sur le pourtour; les plus hauts sommets atteignent 6 000 mètres (mont *Kilimandjaro*). — Elles encadrent un immense plateau, tantôt désert et sans eau comme le **Sahara**, tantôt fertile comme le **Soudan**, tantôt parsemé de lacs vastes et profonds comme la **région équatoriale**.

3. — C'est dans ces **deux** dernières régions que naissent les principaux fleuves : le **Sénégal**, le **Niger**, le **Nil**, le **Congo** et le **Zambèze**. Pendant la saison des pluies ils roulent d'énormes masses d'eau; ils sont alors navigables sur certaines parties de leur cours.

4. — Le littoral est peu découpé et, en beaucoup d'endroits, bordé de lagunes insalubres. Les golfes sont rares et mal abrités; les îles peu nombreuses, la principale est **Madagascar**.

5. — Le nord comprend : le **Maroc**, cap. *Fez*, l'**Algérie** et la **Tunisie**, possessions françaises; la **Tripolitaine**, cap. *Tripoli*, possession italienne, et l'**Egypte** cap. *le Caire*, sous le protectorat de l'Angleterre.

6. — L'est, où est situé l'**Abyssinie**, empire indépendant, et le sud sont partagés entre les Etats européens : *Italie*, *Portugal*, *Belgique*, *Angleterre* et *France*. Deux Etats y possèdent les parties les plus prospères : l'Angleterre a le Cap, les colonies autonomes du **Transvaal** et de l'**Orange**, annexées en 1902, **Zanzibar** et **Maurice**, et la France a les îles de la **Réunion** et **Madagascar**.

7. — L'ouest est encore plus divisé. La France en détient une bonne part (*Sénégal*, *Guinée*, *Soudan* et *Afrique équatoriale française*); le Portugal et l'Angleterre se partagent le reste. Le *bassin central du Congo* est une possession belge.

Lecture. — Entre l'Europe et l'Afrique, le contraste est absolu. L'Europe offre de toutes parts ses côtes hospitalières et finement dentelées; l'Afrique oppose aux vaisseaux ses contours massifs et dépourvus de ports. L'Europe a des plaines étendues; l'Afrique est faite de plateux successifs dont les bords extérieurs se relèvent en bourrelets montagneux. L'Europe appartient presque entièrement à la zone tempérée; les trois quarts de l'Afrique sont compris entre les tropiques.

QUESTIONNAIRE. — Sommaire. — 1. Quelles sont les limites de l'Afrique? Quelle en est la surface? Combien sa population comprend-elle d'habitants? — 2. Nommez les principales montagnes; où se dressent-elles? Quel aspect présente l'intérieur de l'Afrique? — 3. Nommez les plus grands fleuves de l'Afrique. — 4. Que savez-vous du littoral? — des îles? — 5. Nommez les pays situés au nord de l'Afrique. 6. Quel Etat indépendant comprend l'est? A qui appartiennent les autres pays de l'est et du sud? — 7. Que possède la France dans l'ouest? Quelles puissances se partagent le reste?

Lecture. — Quelles différences existent entre l'Europe et l'Afrique?

ASIE

1. — L'**Asie** est limitée par l'*océan Glacial arctique*, l'*océan Pacifique*, l'*océan Indien*, la *mer Rouge*, la *Méditerranée*, la *mer Noire*, la *mer Caspienne* et les monts *Ourals*. Elle est quatre fois plus grande que l'Europe.

2. — L'Asie possède les montagnes les plus imposantes, les plateaux les plus vastes et les plus élevés du globe. L'*Everest*, dans les monts **Himalaya**, atteint 8 840 mètres.

3. — Le climat varie suivant les régions : les plateaux de l'intérieur souffrent du froid et de la sécheresse ; les versants de l'est et du sud reçoivent des pluies torrentielles amenées par les vents qu'on appelle *moussons*. Aussi leurs fleuves, le **Hoang-ho**, le **Yang-tsé-kiang**, le **Mé-Kong** et le **Gange** comptent-ils parmi les plus grands du globe.

4. — Le littoral de l'Asie est moins découpé que celui de l'Europe. Il projette de grandes presqu'îles au sud ; mais les mers et les golfes pénètrent moins profondément dans les terres. Les îles sont rares, sauf sur la côte orientale.

Lecture. — Le plateau central d'Asie forme un obstacle infranchissable pour les vents, les eaux et les peuples. Il divise l'Asie en 4 versants distincts :

1° Le *versant septentrional* ou sibérien a quelques vallées fécondes, des mines d'or et des forêts. Mais il s'achève, dans la zone polaire, par des plaines gelées dix mois par an. Il renferme les lieux les plus froids de la terre.

2° Le *versant oriental* ou chinois se distingue par ses « terres jaunes » de riches alluvions, qui produisent le riz, le millet, le mûrier et le thé. Il possède des mines inépuisables de houille.

3° Le *versant méridional* (Inde et Indo-Chine) est chauffé par le soleil des tropiques et soumis au régime des *moussons*. Les fleuves débordent tous les ans et leurs limons se couvrent de forêts ou de champs de riz.

4° Le *versant occidental* va du plateau de Pamir à la Méditerranée et à la mer Rouge. Il s'arrête en face du Sahara auquel il ressemble par ses déserts de sable et par ses oasis de verdure situées dans les vallées des fleuves.

5. — Le versant septentrional appartient à la Russie ; il comprend la **Sibérie**, cap. *Omsk*, et le **Turkestan**.

6. — Le versant oriental, domaine de la race jaune, forme deux empires : la **Chine** aussi peuplée que l'Europe, cap. *Pékin*, et le **Japon**, cap. *Tokio*.

7. — Le versant méridional comprend : l'**Indo-Chine** partagée entre l'Angleterre, la France et l'empire de **Siam**, cap. *Bangkok*, et l'**Inde anglaise**, qui compte plus de 300 millions d'habitants, cap. *Delhi*.

8. — Enfin le versant occidental renferme l'**Asie Mineure**, pays turc, et des États indépendants : l'**Arabie**, la **Syrie**, la **Perse**, cap. *Téhéran*, l'**Afghanistan**, cap. *Caboul*, et le **Baloutchistan**.

AMÉRIQUE

1. — **L'Amérique** s'allonge d'une *mer polaire* à l'autre entre l'*océan Pacifique* et l'*océan Atlantique*. Elle est un peu plus petite que l'Asie et se divise en trois parties principales : l'**Amérique du Nord**, l'**Amérique centrale** et l'**Amérique du Sud**.

2. Amérique du Nord. — L'Amérique du Nord est sillonnée à l'ouest par les montagnes **Rocheuses**, dont le plus haut sommet, le mont *Saint-Élie*, s'élève à 5 800 mètres.

3. — Au centre s'étend une plaine immense d'une étonnante fertilité, mais en partie glacée et parsemée de lacs nombreux.

4. — L'eau des lacs s'écoule par le **Mackenzie** et le **Saint-Laurent**; le **Mississipi**, qui descend vers le sud, roule dix fois plus d'eau que le Rhône.

5. — A l'ouest la côte est très découpée; au nord, elle est basse et prolongée par les **terres polaires**; à l'est et au sud s'ouvrent l'estuaire du *Saint-Laurent* en face de **Terre-Neuve** et le *golfe du Mexique* en face des **Antilles**.

QUESTIONNAIRE. — 1er SOMMAIRE. — 1. Quelles sont les limites et les divisions de l'Amérique? — 2. Quelle est la principale chaîne de montagnes de l'Amérique du Nord? — 3. Que dit-on de la plaine centrale? — 4. Nommez les principaux fleuves. — 5. Que savez-vous du littoral?

1re Lecture. — Le 100e de longitude ouest coupe l'Amérique du Nord en deux moitiés de valeur très inégale.

La partie orientale est privilégiée. Ses immenses plaines sont, suivant les lieux, des terres d'élevage, des champs de cotonniers et de cannes à sucre, ou des champs de maïs et de blé. Le sous-sol regorge de houille, de pétrole et de minéraux utiles. Enfin cette région d'industrie intense et de villes géantes réunit tous les moyens naturels de communications : cinq grands lacs, deux fleuves superbes, beaucoup de rivières navigables et une foule de baies très sûres s'ouvrant en face de l'Europe.

L'ouest, au contraire, offre une succession de plateaux stériles, et ses habitants sont rares sauf autour des mines d'or et d'argent ou dans les plaines côtières qui aboutissent à San-Francisco.

6. — L'*Amérique du Nord* comprend trois Etats.

1° La **Puissance du Canada**, qui appartient à l'Angleterre, mais qui se gouverne librement. Glacée au nord, elle a au sud des terres fertiles et de grandes villes : **Ottawa**, capitale officielle, **Québec** et **Montréal**, grands ports sur le *Saint-Laurent*.

2° La **République des Etats-Unis**, située tout entière dans la zone tempérée. Elle abonde en ressources de toutes sortes, compte 92 millions d'habitants et possède des villes considérables : **Washington**, sa capitale, *Chicago* et *Saint-Louis* à l'intérieur; *San-Francisco*, la *Nouvelle-Orléans* et une foule d'autres ports dont le principal est **New-York** (4 767 000 habitants).

3° La **République du Mexique**, terre tropicale de 15 000 000 habitants. **Mexico**, sa capitale, s'élève au milieu des plateaux.

7. Amérique centrale. — L'Amérique centrale se compose d'une suite d'isthmes montagneux et volcaniques, et d'une chaîne d'îles, les Antilles.

8. — Les isthmes ont un climat brûlant et insalubre sur les côtes. Dans les Antilles le climat est plus tempéré.

9. — L'Amérique centrale produit du *café*, du *sucre* du *coton*, du *tabac*, du *cacao*, des *bois de teinture*.

10. — Elle comprend six républiques : **Guatémala, Honduras, Salvador, Nicaragua, Costa-Rica, Panama**

11. — Les Antilles comptent quatre grandes îles : **Cuba**, chef-lieu *la Havane*, et **Porto-Rico**, aux Etats-Unis; la **Jamaïque**, aux Anglais; **Haïti** et **Saint-Domingue** dans la même île indépendante.

12. Amérique du Sud. — Le relief de l'Amérique du Sud ressemble à celui de l'Amérique du Nord. Le long de la côte occidentale la **Cordillère des Andes** dresse ses sommets jusqu'à 7000 mètres de hauteur.

13. — A l'est de cette imposante chaîne s'étend une plaine presque aussi vaste que l'Europe et couverte d'une superbe végétation forestière et herbacée.

14. — Le versant de l'Atlantique est copieusement arrosé; il compte parmi ses cours d'eau le plus puissant fleuve du monde, l'**Amazone**, dont le débit est 150 fois plus considérable que celui de la Seine.

15. — L'Amérique du Sud a un climat sec et froid dans les Andes, chaud et humide dans les plaines de l'est : ses côtes sont aussi très découpées. Le détroit de **Magellan** la sépare de la *Terre-de-Feu*.

2e Lecture. — A première vue, les deux Amériques peuvent passer pour deux sœurs jumelles : mêmes contours généraux, mêmes dispositions des grands fleuves et des bons mouillages. Mais là s'arrêtent les ressemblances, car l'Amérique du Nord appartient à la zone tempérée et l'Amérique du Sud à la zone torride.

Le climat et les végétaux de l'Amérique du Sud rappellent surtout l'Afrique équatoriale : ses fleuves, larges et profonds comme des bras de mer, parcourent des forêts impénétrables (les *selvas*) et des *savanes* herbeuses (les *llanos*) alternativement sèches et inondées. Ses cultures sont celles des tropiques : café, cacao, caoutchouc, épices, bois d'ébénisterie, bois de teinture. Enfin ses montagnes renferment des mines de diamant dans le Brésil, des mines d'argent et d'or dans le Pérou et la Bolivie.

L'aspect change au sud du tropique : la chaleur diminue et l'on voit apparaître, avec les champs de céréales, les *pampas* peuplées de bestiaux qui fournissent à l'Europe les cuirs, la laine brute, le suif et la viande conservée.

16. — L'Amérique du Sud est la terre des républiques. On en compte cinq dans la région montagneuse (**Colombie, Equateur, Pérou, Bolivie** et **Chili**) et cinq dans la région des plaines (**Vénézuela, Brésil, Paraguay, Uruguay** et **République Argentine**).

17. — La république la plus peuplée est le **Brésil** (20 500 000 hab.) dont la capitale, **Rio de Janeiro**, est un port merveilleux.

La plus ouverte à l'Europe est la **République Argentine** (7 000 000 d'hab.) qui a pour capitale **Buenos-Aires**, excellent port sur le Rio de la Plata.

QUESTIONNAIRE. — **1re Lecture**. — Quelles différences existent entre les deux versants de l'Amérique du Nord?

2e Sommaire. — 6. Que savez-vous du Canada? — des Etats-Unis? — du Mexique? — 7. Que comprend l'Amérique centrale? — 8. Quel en est le climat? — 9. Quelles en sont les productions? — 10. Quels Etats comprend-elle? — 11. Nommez les grandes Antilles. — 12. Que dit-on du relief de l'Amérique du Sud? — 13. Que dit-on de la plaine orientale? — 14. Que savez-vous du versant oriental? — 15. Que dit-on du climat? Où est situé le détroit de Magellan?

2e Lecture. — Quelles différences existent entre le nord et le sud?

3e Sommaire. — 16. Quels Etats comprend l'Amérique du Sud? — 17. Que savez-vous des deux principaux?

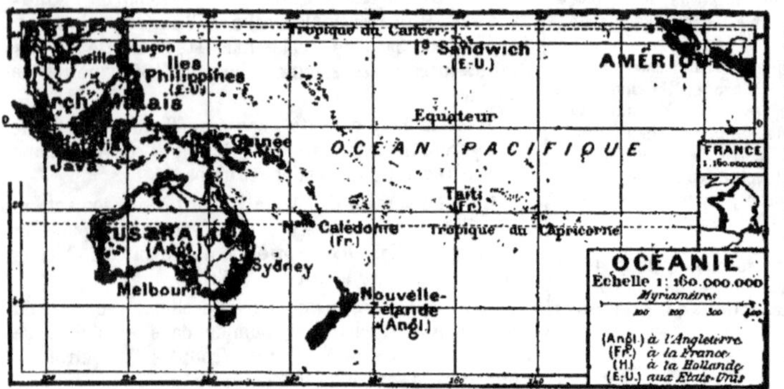

OCÉANIE

1. — L'Océanie comprend : l'archipel **Malais**, les **Philippines**, l'**Australie** et un grand nombre d'îles et d'îlots disséminés dans l'océan Pacifique.

2. — L'archipel **Malais** appartient à la Hollande. Les îles qui le composent sont peuplées de 38 millions d'habitants ; elles ont de grandes richesses minérales et une magnifique végétation. La capitale est **Batavia**, port de l'île de **Java.**

3. — Les **Philippines** ont été enlevées à l'Espagne par les États-Unis. Elles comptent **8** millions d'habitants ; la capitale est **Manille**, dans l'île de **Luçon.**

4. — L'**Australie** (5 millions d'habitants) est grande comme les deux tiers de l'Europe. Elle comprend un vaste plateau aride, une région montagneuse riche en mines d'*or* et de *houille*, et une zone fertile et bien arrosée, favorable à l'*élevage* des *bœufs* et des *moutons.* **Sydney** (606000 h.), et **Melbourne** (562000 h.), en sont les ports principaux.

5. — Les autres îles sont des possessions européennes. Les plus grandes sont les îles anglaises de la *Nouvelle-Zélande*, et l'île de la *Nouvelle-Guinée.*

Lecture. — L'Australie est une petite Afrique. Le nord et les plateaux intérieurs, vrai Sahara, sont arides, accidentés, et brûlés du soleil. Des années s'écoulent sans qu'il y tombe une goutte d'eau. Et, quand l'orage éclate enfin, c'est un déluge capable de tout submerger.

Mais la nature a comblé de ses faveurs la bordure montagneuse du sud-est : ciel clément, ondées fréquentes, sol généreux, baies bien ouvertes, rien ne manque. — On s'enrichit par la culture du blé comme par l'élevage des bêtes à cornes et des moutons, par l'extraction de la houille et du cuivre, comme par le lavage des gisements aurifères. C'est donc au sud-est que se pressent les trois quarts de la population et toutes les grandes villes.

QUESTIONNAIRE. — Sommaire. — 1. Que comprend l'Océanie ? — 2. À qui appartient l'archipel Malais ? Faites-en connaître la population, — les richesses, — la capitale. — 3. A qui appartiennent les Philippines ? Quelle en est la population ? — la capitale ? — 4. Quelle est la population et l'étendue de l'Australie ? Combien comprend-elle de régions ? Quels sont les ports principaux de l'Australie ? — 5. Que dit-on des autres îles ? Nommez les deux plus grandes.

Lecture. — A quel pays compare-t-on l'Australie ? — Quel est le climat du nord et de l'intérieur ? — Que dit-on de la zone du sud-est ? — Que font les habitants de cette région ?

TABLE DES MATIÈRES

SAINT-CLOUD. — IMPRIMERIE BELIN FRÈRES.

ANCIENNES PROVINCES	DÉPARTEMENTS	CHEFS-LIEUX	SOUS-PRÉFECTURES
NORD			
FLANDRE	NORD	Lille	Dunkerque, Hazebrouck, Douai, Valenciennes, Cambrai, Avesnes.
ARTOIS	PAS-DE-CALAIS	Arras	Saint-Omer, Boulogne, Béthune, Montreuil, Saint-Pol.
PICARDIE	SOMME	Amiens	Abbeville, Doullens, Péronne, Montdidier.
	SEINE-INFÉRIEURE	Rouen	Dieppe, Neufchâtel, Yvetot, le Havre.
	EURE	Evreux	Pont-Audemer, les Andelys, Louviers, Bernay.
NORMANDIE	CALVADOS	Caen	Bayeux, Pont-l'Evêque, Lisieux, Falaise, Vire.
	ORNE	Alençon	Argentan, Domfront, Mortagne.
	MANCHE	Saint-Lô	Cherbourg, Valognes, Coutances, Avranches, Mortain.
	AISNE	Laon	Vervins, Saint Quentin, Soissons, Chateau Thierry.
	OISE	Beauvais	Compiègne, Clermont, Senlis.
ILE-DE-FRANCE	SEINE-ET-OISE	Versailles	Pontoise, Mantes, Rambouillet, Corbeil, Etampes.
	SEINE	Paris	Saint-Denis, Sceaux (anciennes sous-préfectures).
	SEINE-ET-MARNE	Melun	Meaux, Coulommiers, Provins, Fontainebleau.
	ARDENNES	Mézières	Rocroi, Sedan, Rethel, Vouziers.
CHAMPAGNE	MARNE	Chalons-sur Marne	Reims, Epernay, Sainte-Menehould, Vitry-le-François.
	AUBE	Troyes	Arcis-sur-Aube, Nogent-sur-Seine, Bar-sur-Aube, Bar-sur-Seine.
	HAUTE-MARNE	Chaumont	Vassy, Langres.
OUEST			
	FINISTÈRE	Quimper	Morlaix, Brest, Châteaulin, Quimperlé.
	CÔTES-DU-NORD	Saint-Brieuc	Lannion, Guingamp, Dinan, Loudéac.
BRETAGNE	MORBIHAN	Vannes	Pontivy, Ploërmel, Lorient.
	ILLE-ET-VILAINE	Rennes	Saint-Malo, Fougères, Montfort, Vitré, Redon.
	LOIRE-INFÉRIEURE	Nantes	Châteaubriant, Ancenis, Saint Nazaire, Paimbœuf.
MAINE	SARTHE	le Mans	Mamers, Saint Calais, la Flèche.
	MAYENNE	Laval	Mayenne, Château-Gontier.
ANJOU	MAINE-ET-LOIRE	Angers	Segré, Baugé, Saumur, Cholet.
	VIENNE	Poitiers	Loudun, Chatellerault, Montmorillon, Civray.
POITOU	DEUX-SÈVRES	Niort	Bressuire, Parthenay, Melle.
	VENDÉE	la Roche-sur-Yon	les Sables-d'Olonne, Fontenay-le-Comte.
AUNIS ET SAINTONGE	CHARENTE INFÉRIEURE	la Rochelle	Rochefort, Marennes, Saint-Jean-d'Angely, Saintes, Jonzac.
ANGOUMOIS	CHARENTE	Angoulême	Ruffec, Confolens, Cognac, Barbezieux.
SUD			
	GIRONDE	Bordeaux	Lesparre, Blaye, Libourne, la Réole, Bazas.
	DORDOGNE	Périgueux	Nontron, Riberac, Sarlat, Bergerac.
	LOT	Cahors	Gourdon, Figeac.
	AVEYRON	Rodez	Espalion, Villefranche, Millau, Saint Affrique.
GUYENNE ET GASCOGNE	TARN-ET-GARONNE	Montauban	Moissac, Castelsarrasin.
	LOT-ET-GARONNE	Agen	Marmande, Villeneuve sur-Lot, Nérac.
	LANDES	Mont-de-Marsan	Saint Sever, Dax.
	GERS	Auch	Condom, Lectoure, Mirande, Lombez.
	HAUTES-PYRÉNÉES	Tarbes	Bagnères-de-Bigorre, Argelès.
BÉARN	BASSES-PYRÉNÉES	Pau	Bayonne, Orthez, Mauléon, Oloron.
COMTE DE FOIX	ARIÈGE	Foix	Pamiers, Saint-Girons.
ROUSSILLON	PYRÉNÉES-ORIENTALES	Perpignan	Prades, Céret.
	HAUTE-LOIRE	le Puy	Brioude, Yssingeaux.
	LOZÈRE	Mende	Marvejols, Florac.
	ARDÈCHE	Privas	Tournon, Largentière.
LANGUEDOC	GARD	Nîmes	Alais, Uzès, le Vigan.
	HÉRAULT	Montpellier	Lodève, Saint Pons, Beziers.
	TARN	Albi	Gaillac, Lavaur, Castres.
	AUDE	Carcassonne	Castelnaudary, Narbonne, Limoux.
	HAUTE-GARONNE	Toulouse	Villefranche, Muret, Saint-Gaudens.
COMTAT-VENAISSIN	VAUCLUSE	Avignon	Orange, Carpentras, Apt.
	BASSES-ALPES	Digne	Barcelonnette, Sisteron, Forcalquier, Castellane.
PROVENCE	VAR	Draguignan	Brignoles, Toulon.
	BOUCHES-DU-RHÔNE	Marseille	Arles, Aix.
COMTÉ DE NICE	ALPES-MARITIMES	Nice	Puget-Théniers, Grasse.
CORSE	CORSE	Ajaccio	Bastia, Calvi, Corte, Sartène.
EST			
	MEUSE	Bar-le-Duc	Montmedy, Verdun, Commercy.
LORRAINE	MEURTHE-ET-MOSELLE	Nancy	Briey, Toul, Lunéville.
	MOSELLE	Metz	Thionville, Boulay, Forbach, Sarreguemines, Château-Salins, Sarrebourg.
	VOSGES	Epinal	Neufchâteau, Mirecourt, Saint-Dié, Remiremont.
	BAS-RHIN	Strasbourg	Wissembourg, Haguenau, Saverne, Molsheim, Erstein, Schlestadt.
ALSACE	HAUT-RHIN	Colmar	Ribeauvillé, Guebwiller, Thann, Mulhouse, Altkirch.
	TERRITOIRE DE BELFORT	Belfort	
	HAUTE-SAÔNE	Vesoul	Lure, Gray.
FRANCHE-COMTE	DOUBS	Besançon	Montbeliard, Baume-les-Dames, Pontarlier.
	JURA	Lons-le-Saunier	Dôle, Poligny, Saint-Claude.
	YONNE	Auxerre	Sens, Joigny, Tonnerre, Avallon.
BOURGOGNE	CÔTE-D'OR	Dijon	Châtillon sur Seine, Semur, Beaune.
	SAÔNE-ET-LOIRE	Mâcon	Autun, Chalon-sur-Saône, Louhans, Charolles.
	AIN	Bourg	Gex, Nantua, Trevoux, Belley.
LYONNAIS	RHÔNE	Lyon	Villefranche.
	LOIRE	Saint-Etienne	Roanne, Montbrison.
	ISÈRE	Grenoble	la Tour-du-Pin, Vienne, Saint Marcellin.
DAUPHINE	DRÔME	Valence	Die, Montelimar, Nyons.
	HAUTES-ALPES	Gap	Briançon, Embrun.
SAVOIE	HAUTE-SAVOIE	Annecy	Thonon, Saint-Julien, Bonneville.
	SAVOIE	Chambéry	Albertville, Moûtiers, Saint Jean-de-Maurienne.
CENTRE			
	EURE-ET-LOIR	Chartres	Dreux, Nogent-le-Rotrou, Châteaudun.
ORLEANAIS	LOIRET	Orléans	Pithiviers, Montargis, Gien.
	LOIR-ET-CHER	Blois	Vendôme, Romorantin.
TOURAINE	INDRE-ET-LOIRE	Tours	Chinon, Loches.
BERRI	CHER	Bourges	Sancerre, Saint Amand.
	INDRE	Châteauroux	Issoudun, le Blanc, la Châtre.
NIVERNAIS	NIÈVRE	Nevers	Cosne, Clamecy, Château Chinon.
BOURBONNAIS	ALLIER	Moulins	Montluçon, la Palisse, Gannat.
MARCHE	CREUSE	Guéret	Boussac, Aubusson, Bourganeuf.
LIMOUSIN	HAUTE-VIENNE	Limoges	Bellac, Rochechouart, Saint Yrieix.
	CORRÈZE	Tulle	Ussel, Brive.
AUVERGNE	PUY-DE-DÔME	Clermont-Ferrand	Riom, Thiers, Ambert, Issoire.
	CANTAL	Aurillac	Mauriac, Murat, Saint Flour.